Fit for Business English

Redewendungen

Elke Schuch

Compact Verlag

Bisher sind in dieser Reihe erschienen:

- Fit for Business English – Telefonieren
- Fit for Business English – Korrespondenz
- Fit for Business English – Verkaufsgespräche
- Fit for Business English – Präsentationen
- Fit for Business English – Geschäftsreisen
- Fit for Business English – Konversation
- Fit for Business English – Redewendungen

Weitere Titel sind in Vorbereitung.

Chefredaktion: Dr. Angela Sendlinger
Redaktion: Helga Aichele
Fachredaktion: Anthony Moore
Übersetzung: Marc Hillefeld
Produktion: Wolfram Friedrich
Gestaltung: Hendryk Sommer
Titelabbildung: Jupiterimages
Umschlaggestaltung: Axel Ganguin

ISBN 978-3-8174-7776-0
7277761

Besuchen Sie uns im Internet: www.compactverlag.de

Vorwort

Englisch ist die länderübergreifende Sprache der Wirtschaft. Angesichts der zunehmenden Globalisierung der Märkte werden gute Englischkenntnisse immer wichtiger für den beruflichen Erfolg.

Die Reihe **Fit for Business English** ermöglicht dem Benutzer die zielgerechte Vorbereitung auf verschiedene Themenbereiche des modernen Wirtschaftsenglisch.

Der Band **Fit for Business English – Redewendungen** bereitet auf alle wichtigen Situationen des Berufsalltags vor. Ob im Meeting, bei Präsentationen, am Telefon, bei der Geschäftskorrespondenz, in Verhandlungen, auf Geschäftsreisen oder im Bewerbungsgespräch, der Benutzer findet hier die typischen und notwendigen Formulierungen für die erfolgreiche Kommunikation mit dem ausländischen Geschäftspartner.

Dies geschieht anhand einer Story: Der Deutsche Peter Brückner wird von seiner Firma nach England versetzt. Man erlebt ihn dort in den unterschiedlichsten Situationen des Geschäftsalltags.

Die Redewendungen sind praxisnah und sowohl in englischer Sprache als auch in der deutschen Übersetzung angegeben. Die Schlüsselbegriffe sind im Text farbig hervorgehoben.

Sprachpraktische und kulturelle Besonderheiten werden an gegebener Stelle angemerkt. Hierzu gehören Tipps zum korrekten Sprachgebrauch sowie landeskundliche Hinweise.

Verschiedene Symbole zu Beginn jedes Abschnitts erleichtern dem Benutzer den Zugriff auf die für ihn relevanten Passagen.

Inhalt

Here we go: kleine Einleitung am Anfang des Kapitels

Talk Talk Talk: praxisnahe Redewendungen mit deutschen Übersetzungen, die wichtigsten Stichwörter sind farbig markiert

Background Information: Wissenswertes zu Business und Landeskunde

Do's and Dont's: Tipps zum korrekten Verhalten in Geschäftssituationen

False Friends: Hinweise auf mögliche sprachliche Fehler

Auf einen Blick: Die wichtigsten Formulierungen für die Geschäftskorrespondenz

Glossary: Zusammenfassung aller neuen Vokabeln

Story

Peter Brückner ist 30 Jahre alt. Nach seinem BWL-Studium wurde er als Assistent des Vertriebsleiters bei der internationalen Firma ERGO Ltd. beschäftigt. ERGO Ltd. ist ein innovatives Unternehmen und hat sich auf die Produktion von Zubehörteilen im IT-Bereich spezialisiert.

Um Peter Brückner auf eine spätere Führungsposition vorzubereiten, wird er in die Filiale nach London versetzt, um dort die Abläufe des internationalen Vertriebs kennen zu lernen. Wie viele andere Unternehmen, legt auch ERGO Ltd. großen Wert darauf, dass künftige Führungskräfte Auslandserfahrungen sammeln.

Dieser Band der Reihe **Fit for Business English** zeigt, wie Peter Brückner die täglichen Probleme und Herausforderungen der Geschäftskommunikation in englischer Sprache sicher meistert.
Zu seinem Team, das ihm jederzeit hilfreich zur Seite steht, gehören:

- James Morgan, Managing Director, direkter Vorgesetzter von Peter
- Steve Blackman, Leiter der Verkaufsabteilung
- Melissa Walker, Marketing Managerin
- Lucy Scott, Sekretärin und »gute Seele« des Büros.

Schon bald ist Peter Brückner mit den wichtigsten englischen Redewendungen vertraut und weiß, wie man erfolgreich Präsentationen hält, Besprechungen leitet, Verhandlungen führt, Telefonate erledigt und Vorstellungsgespräche überzeugend meistert.

Meetings and presentations
Meetings und Präsentationen

Here we go

Peter Brückner ist nun bereits seit einigen Wochen in der Londoner Filiale der Software-Firma ERGO Ltd.
Sein direkter Vorgesetzter in London, James Morgan, hat ihn gebeten, an der wöchentlichen Besprechung teilzunehmen und Möglichkeiten zu präsentieren, wie die Verkaufszahlen von IT-Zubehörteilen seines Unternehmens im Vereinigten Königreich gesteigert werden können. Geleitet wird die Konferenz von James Morgan. Ebenfalls anwesend sind sein Kollege Steve Blackman und Melissa Walker von der Marketingabteilung. Nach Peters Präsentation entsteht eine lebhafte Diskussion über die von ihm vorgetragenen Vorschläge.

Talk Talk Talk

(The conference room. The meeting begins. The chairman James Morgan enters.)	(Das Konferenzzimmer. Die Besprechung beginnt. Der Vorsitzende James Morgan tritt ein.)
The role of the chairman – starting/opening the meeting	**Die Funktion des Vorsitzenden – die Sitzung eröffnen**
Ladies and gentlemen, welcome to today's meeting. I'm happy to welcome you to our weekly **business meeting**.	Meine Damen und Herren, ich begrüße Sie zur heutigen Sitzung. Ich freue mich, Sie zu unserer wöchentlichen **Geschäftsbesprechung** willkommen zu heißen.
Good morning, Ladies and Gentlemen. I'm honoured, as **chairperson**, to welcome you all to today's meeting.	Guten Morgen, meine Damen und Herren. Es ist mir eine Ehre, Sie als **Vorsitzender** zu unserer heutigen Besprechung willkommen zu heißen.

I declare the meeting open. Thank you all for coming.	Ich erkläre die Sitzung für eröffnet. Vielen Dank, dass Sie alle heute erschienen sind.
Thank you for accepting our invitation **to attend** this conference.	Danke, dass Sie unserer Einladung, an dieser Besprechung **teilzunehmen**, gefolgt sind.
Welcome and thank you for coming.	Herzlich willkommen und vielen Dank, dass Sie heute erschienen sind.
Today's meeting **was called** at very short notice and I appreciate it very much that you have all been able to attend today.	Die heutige Sitzung **ist** kurzfristig **angekündigt worden** und ich bin Ihnen dankbar, dass Sie alle in der Lage waren, heute hier zu erscheinen.
Sorry, I'm late.	Entschuldigen Sie meine Verspätung.
I was stuck on the phone.	Ich wurde durch ein Telefongespräch aufgehalten.
I'll **chair as usual**.	Ich **führe wie gewöhnlich den Vorsitz**.
Anybody absent today? Or are we all here? I am sorry to announce that Melissa from **marketing** will be late.	Fehlt heute jemand? Oder sind wir vollzählig? Es tut mir Leid, Ihnen mitteilen zu müssen, dass Melissa von unserer **Marketingabteilung** sich verspäten wird.
Apologies from Mr/Ms ... Unfortunately he/she won't be able to participate. Before we begin, I would like to announce that Melissa cannot join us, which means there's a slight change in the **schedule**.	Herr/Frau ... lässt sich entschuldigen. Leider kann er/sie nicht teilnehmen. Bevor wir beginnen, möchte ich bekannt geben, dass Melissa nicht teilnehmen kann, was bedeutet, dass wir unser **Programm** etwas ändern müssen.
I think we will have to **postpone our meeting** until Mr/Ms ... has returned from his/her business trip.	Ich denke, wir sollten **unsere Besprechung verschieben**, bis Herr/Frau ... von seiner/ihrer Geschäftsreise zurückgekehrt ist.

We will begin the meeting in ten minutes as not everyone is present yet.
We will start now even though not everybody has arrived yet.
Right, as we are all here let's make a start.
Before we begin, I should like to say that I hope the meeting will be constructive and have a positive outcome.
I hope that we will have an **interesting discussion**.

Wir werden in zehn Minuten mit der Sitzung beginnen, da wir noch nicht vollständig sind.
Wir werden nun beginnen, auch wenn noch nicht alle da sind.
Nun, da wir vollständig sind, lassen Sie uns beginnen.
Bevor wir anfangen, möchte ich sagen, dass unsere Besprechung konstruktiv und erfolgreich sein wird.
Ich hoffe, dass wir eine **interessante Diskussion** haben werden.

Getting the meeting on the right track

Die Tagesordnung vorstellen/ den Überblick geben

First, can we all approve the **minutes** of the last meeting?
Can we take the minutes as read?
Any questions?
We need somebody **to keep the minutes**.
Steve, would you be so kind as to keep the minutes today, as my secretary is still ill?
Have you all got a copy of the agenda?
The **agenda** has been handed out **in advance**.
So everybody should be informed about today's **topic**.
Handouts are provided for every member.
On the handout you can see today's agenda.
The meeting will follow the **items** on the agenda.

Können wir zunächst das **Protokoll** der letzten Sitzung verabschieden?
Hat jeder das Protokoll gelesen?
Irgendwelche Fragen?
Wir brauchen jemanden, der **Protokoll führt**.
Steve, wärst du so freundlich, heute Protokoll zu führen, da meine Sekretärin krank ist?
Haben Sie alle eine Kopie der Tagesordnung erhalten?
Die **Tagesordnung** ist schon **vorab** ausgeteilt worden.
Also sollte jeder über unser heutiges **Thema** informiert sein.
Jedes Mitglied bekommt ein **Handout (Informationsblatt)**.
Dem Handout können Sie die heutige Tagesordnung entnehmen.
Die Sitzung wird den **Punkten** der Tagesordnung folgen.

Items may be **added to** today's agenda.	Der Tagesordnung können **Punkte hinzugefügt** werden.
Items can be **deleted from** today's agenda.	Es können **Punkte** von der Tagesordnung **gestrichen** werden.
I would like to add an item to the agenda.	Ich möchte einen Tagesordnungspunkt hinzufügen.
Could we delete item 3 from the agenda?	Können wir Punkt 3 von der Tagesordnung streichen?
The agenda has been adopted.	Die Tagesordnung ist angenommen.
I suggest that we take the points in the order they are written.	Ich schlage vor, dass wir die Tagesordnung einhalten.
Does anybody have questions about the agenda?	Hat jemand Fragen zur Tagesordnung?
No? Right, shall we **get started**?	Nein, dann denke ich, können wir **beginnen**.
Let's get started, shall we?	OK, sollen wir beginnen?
Let's start, shall we?	Können wir anfangen?
Let's get underway, shall we?	Lasst uns anfangen!
Let's get the discussion underway, shall we?	Lassen Sie uns nun in die Diskussion einsteigen.
Well, then I think we can get started.	Nun, dann denke ich, können wir beginnen.
So, let's get down to business.	Also, kommen wir zur Sache.
OK. Are we ready?	OK, sind wir alle bereit?
All right, everyone!	Können wir anfangen?
This meeting will have the following **subject**:	Die Besprechung hat folgendes **Thema**:
The **purpose** of today's meeting is …	Das **Ziel** der heutigen Besprechung ist …
The two **main points** for today's meeting are:	Die zwei **Hauptpunkte** unserer heutigen Besprechung sind:
The most important points seem to me to be …	Die wichtigsten Punkte scheinen … zu sein
I think we all agree that the major problem ahead of us is whether/why/where/how …	Ich denke, wir sind uns einig, dass das größte Problem, das vor uns liegt, ist, ob/warum/wo/wie …
The first thing we've got to consider is …	Das Erste, das wir in Erwägung ziehen müssen, ist …

Perhaps we should first look at …	Vielleicht sollten wir uns zuerst … zuwenden.
The first thing we have to discuss/talk over/decide …	Das Erste, das wir diskutieren/besprechen/entscheiden müssen, ist …
The issue we have to discuss today is …	Das Thema, das wir heute diskutieren, lautet …
The first important item on the agenda is …	Der erste wichtige Tagesordnungspunkt ist …
I would like to begin by making a few remarks concerning …	Ich möchte damit beginnen, dass ich einige Bemerkungen mache in Bezug auf …
I would like **to start the proceedings** with a look at the latest press releases.	Ich würde die **Sitzung** gern mit einem Blick auf den Pressespiegel **beginnen**.
I would like to **mention briefly** that …	Ich möchte **kurz erwähnen**, dass …
I would like to remind you that …	Ich möchte Sie daran erinnern, dass …
We mustn't underestimate the importance of …	Wir dürfen die Wichtigkeit von … nicht unterschätzen.
I attach considerable importance to …	Ich messe … große Bedeutung bei.
As you all have copies of the agenda in front of you, I will now **go through the single points** with you.	Da Sie alle Kopien der Tagesordnung vorliegen haben, werde ich nun **die einzelnen Punkte** mit Ihnen **durchgehen**.
Point number 1 deals with the proposed increase of our overseas markets for next year.	Tagesordnungspunkt 1 behandelt die geplante Erweiterung der Überseemärkte für das kommende Jahr.
Point number 2 on the agenda is a marketing campaign to launch our new software program.	Der zweite Tagesordnungspunkt betrifft die Marketingkampagne, um unsere neue Software auf den Markt zu bringen.
Thirdly, Peter will be talking to us about internet fraud.	Drittens wird dann Peter zu uns über Internetbetrügereien sprechen.

And finally we absolutely have to discuss the **budget** for the coming **business year**.

Und schließlich müssen wir unbedingt über das **Budget** für das kommende **Geschäftsjahr** sprechen.

The role of the chairman – directing the meeting

Die Rolle des Vorsitzenden – die Diskussion führen

Let's begin with the first point. Steve, would you like to begin by reporting on the achievements of our **regional sales operations**. That'll be a good introduction.

Also fangen wir mit dem ersten Tagesordnungspunkt an. Steve, würdest du mit einem Bericht des **Regionalvertriebs** beginnen? Das wäre eine gute Einleitung.

OK, the next item on the agenda concerns a complaint made from McCarth in Edinburgh regarding an incomplete delivery.

Unser nächster Tagesordnungspunkt betrifft eine Beschwerde der Firma McCarth in Edinburgh hinsichtlich einer unvollständigen Lieferung.

What's the story, Steve?

Wie verhält sich die Sache, Steve?

You are responsible for deliveries.

Du bist zuständig/verantwortlich für Lieferungen.

Melissa, how far are you with your plans for the **advertising campaign**?

Melissa, wie weit sind deine Pläne hinsichtlich der **Werbekampagne**?

I would like your **ideas** on the subject, Peter.

Ich hätte gern deine **Meinung** zu diesem Thema, Peter.

Thanks for these interesting **comments**.

Danke für diese interessanten **Bemerkungen**.

Have you given us your opinion on this subject, Melissa?

Hast du uns deine Meinung zu diesem Thema gesagt, Melissa?

Let's go on, shall we.

Lassen Sie uns fortfahren.

Let's move on to the next point.

Lassen Sie uns zum nächsten Tagesordnungspunkt übergehen.

OK, on to item 4.

OK, weiter mit Tagesordnungspunkt 4.

I think the subject of **outsourcing** is one which we will have to discuss at the next meeting.

Ich glaube, das Thema **Fremdvergabe**/**Outsourcing** müssen wir beim nächsten Mal besprechen.

Hold on a moment. I'm sure you'll agree that we can't **speak all at once**. So one after the other.

Einen Moment bitte. Ich denke, wir sind uns einig, dass wir nicht **alle gleichzeitig sprechen** können. Also immer der Reihe nach.

Melissa, would you go on, please.

Melissa, fahre bitte fort.

I'm sorry Steve, but Peter was first.

Tut mir Leid, Steve, aber Peter ist zuerst dran.

Just a moment, Melissa. I think Steve was first.

Einen Augenblick, Melissa, aber ich glaube, Steve hat zuerst das Wort.

Melissa, could you please **hear me out**?

Melissa, würdest du mich bitte **ausreden lassen**?

Steve, please let Melissa finish. I think she's trying to make a very interesting point.

Steve, lass Melissa bitte ausreden. Ich glaube, sie versucht gerade, etwas Interessantes zu sagen.

Mr Blackman, would you mind addressing your remarks to the **Chair**, please.

Herr Blackman, würden Sie bitte Ihre Bemerkungen an den **Vorsitzenden** richten?

I shall have to call you to order, Steve.

Ich muss dich zur Ordnung rufen, Steve.

So, perhaps we could call our meeting to order. I'm afraid this is not terribly relevant.

Vielleicht können wir etwas Ordnung in unsere Besprechung bringen. Ich fürchte, dies ist nicht sehr relevant.

Perhaps we could return to your point later on.

Vielleicht können wir auf Ihre Bemerkung später zurückkommen.

We all understand your concern for …

Wir alle verstehen Ihre Sorge um …

But our main problem now is …

Aber unser Hauptproblem heute ist …

Look, I suggest we deal with this under **AOB (any other business)**.

Hören Sie, ich denke wir sollten dies unter **»Verschiedenes«** behandeln.

I'm afraid we are losing sight of the main point.

Ich fürchte, wir weichen vom Thema ab.

I think **we are getting side-tracked** here.

Ich glaube, **wir kommen** hier **vom Thema ab**.

Let's get back to the subject, please.
Kommen wir bitte zum Thema zurück.

I don't think this has anything to do with the subject under discussion.
Ich glaube, dass hat nichts mit dem Thema zu tun, das wir hier diskutieren.

I don't think we need get personal about this.
Ich glaube nicht, dass wir persönlich werden müssen, oder?

I'm sorry but I think that comment of Steve's should be struck from the minutes. It has nothing to do with the matter.
Es tut mir Leid, aber ich glaube Steves Bemerkung sollte vom Protokoll gestrichen werden. Sie hat nichts mit dem Thema zu tun.

Lucy, could you strike that from the minutes, please?
Lucy, kannst du das bitte vom Protokoll streichen?

Well, Ladies and Gentlemen, with your approval, I propose **deferring this matter** until we have more information at our disposal.
Nun, meine Damen und Herren, mit Ihrer Zustimmung schlage ich vor, dass wir **die Angelegenheit vertagen** bis wir über weitere Informationen verfügen.

I don't think we are going **to reach a conclusion** on this point today. I suggest that we leave this matter until our next meeting.
Ich glaube nicht, dass wir heute **ein Ergebnis erreichen** werden. Ich schlage vor, wir lassen die Angelegenheit bis zu unserer nächsten Besprechung ruhen.

Perhaps we could leave this for the time being.
Vielleicht sollten wir die Sache im Augenblick hinten anstellen.

We can come back to it later.
Wir können später darauf zurückkommen.

Well, at this stage I feel I should **summarize** the matter as it stands:
Also, ich denke es ist an der Zeit, dass ich den Stand der Argumentation **zusammenfasse**:

Steve here thinks ... whereas Melissa would tend to prefer ...
Steve glaubt, dass ..., wohingegen Melissa es vorzieht, ...

We seem to be losing sight of the main issues.
Wir scheinen die Hauptpunkte aus den Augen zu verlieren.

With respect, I don't think that is entirely relevant.
Bei allem Respekt, aber dies ist nicht ganz relevant.

Could we **stick to the subject** under discussion, please?
Können wir bitte **beim Thema bleiben**?

We're running short of time. So could you please be fairly quick?

Wir haben wenig Zeit. Könntest du dich bitte kurz fassen?

Can we **bring the meeting to order**, please?

Können wir bitte **Ordnung in die Besprechung bringen**?

I would like to remind everyone that ...

Ich möchte alle noch einmal daran erinnern, dass ...

I understand everyone is well aware of the fact that ...

Ich gehe davon aus, dass sich jeder der Tatsache bewusst ist, dass ...

I'm sorry, Steve, but I will have to **leave** today's **meeting half-way through**. I have an **appointment** with an importent **client** which I was unable to **postpone**.

Es tut mir Leid, Steve, aber ich muss die **Konferenz** heute **vorzeitig**/**früher verlassen**, da ich einen wichtigen **Kundentermin** habe, den ich nicht **verschieben** konnte.

Do's and Don'ts

In France and Italy, some conference participants may feel less bound by the **discipline of a meeting** than others. They may leave a meeting to make phone calls or attend paperwork if the discussion is not directly relevant to them. In the UK it is not acceptable to leave a meeting half-way through.

Talk Talk Talk

The role of the chairman – introducing a speaker

Die Funktion des Vorsitzenden – einen Redner vorstellen

I have great pleasure in introducing to you the **Assistant Managing Director** of our German **subsidiary**.

Es ist mir eine große Freude, den **stellvertretenden Geschäftsführer** unserer deutschen **Tochtergesellschaft** vorzustellen.

This meeting will begin with a presentation by Herr Brückner.

Unsere Besprechung beginnt mit einer Präsentation von Herrn Brückner.

It is my pleasure to introduce our guest, Mr. Brückner.
Ich freue mich, Ihnen unseren Gast, Herrn Brückner, vorzustellen.

It is my pleasant duty to introduce …
Es ist mir eine Freude, Ihnen … vorzustellen.

I'd like to give the floor to Mr Brückner.
Ich möchte nun Herrn Brückner das Wort erteilen.

We are pleased to have Peter Brückner, **Assistant Sales Manager** from our German branch, as our guest today.
Wir freuen uns, Peter Brückner, den **stellvertretenden Vertriebsleiter** unserer deutschen Filiale, heute als unseren Gastredner zu haben.

He will **introduce us to today's topic**.
Er wird uns **in das heutige Thema einführen**.

Peter has agreed to give a short talk on the latest sales figures.
Peter hat sich bereit erklärt, einen kurzen Vortrag über die jüngsten/letzten Verkaufszahlen zu halten.

Peter, over to you.
Peter, ich übergebe dir das Wort.

I would like to invite Mr Brückner to take the **rostrum**.
Ich möchte Herrn Brückner nun zum **Rednerpult** bitten.

With great pleasure I **hand the rostrum** over to Peter Brückner.
Ich **übergebe** das **Podium** nun an Peter Brückner.

I'm sure most of you will know Peter Brückner, who has joined us from our German branch.
Ich glaube, die meisten von Ihnen werden bereits Peter Brückner kennen, der von unserer deutschen Niederlassung zu uns gestoßen ist.

Peter Brückner is so well known to us all that he hardly needs any introduction from me.
Peter Brückner ist uns allen so gut bekannt, dass es kaum einer Vorstellung meinerseits bedarf.

Questions and requests before the presentation
Fragen und Anliegen vor der Präsentation

Do you have an **overhead projector**/video player/**white board**/**screen**?
Haben Sie einen **Overheadprojektor**/Videospieler/eine **weiße Tafel**/**Leinwand**?

I will need a **flip chart.**
Ich brauche ein **Flipchart**.

Could I have a glass of water, please?
Könnte ich bitte ein Glas Wasser haben?

How many people are we expecting?	Wie viele Personen erwarten wir?
Can everybody hear me at the back?	Können Sie mich alle in der letzten Reihe verstehen?
Introducing yourself, your product and/or services	**Sich und das Unternehmen vorstellen**
I am glad to be here.	Ich freue mich, hier zu sein.
I'm grateful for this opportunity to talk to you today about the result of our **marketing campaign**.	Danke für die Gelegenheit, Ihnen heute über die Ergebnisse unserer **Marketingkampagne** berichten zu können.
Mr Chairman, ladies and gentlemen.	Herr Vorsitzender, meine Damen und Herren.
Thank you very much for inviting me here today to talk about the possibilities opened up by the internet.	Danke, dass Sie mich heute eingeladen haben, um mit Ihnen über die Möglichkeiten zu sprechen, die sich durch das Internet eröffnet haben.
I am both honoured and delighted to be **talking to you** today.	Ich fühle mich sowohl geehrt als auch erfreut, heute **vor Ihnen sprechen** zu dürfen.
I'd like to begin by introducing myself.	Ich möchte damit anfangen, dass ich mich vorstelle.
For those who don't know me, my name is Peter Brückner.	Für diejenigen, die mich noch nicht kennen, mein Name ist Peter Brückner.
It's nice to see so many familiar faces here today. I feel quite at home.	Es ist schön, heute so viele bekannte Gesichter zu sehen. Ich fühle mich ganz wie zu Hause.
Afternoon everybody! As you've just heard, my name is Peter Brückner and I've been employed for 2 years as Assistant Sales Manager with ERGO Ltd.	Guten Tag. Wie Sie gerade gehört haben, heiße ich Peter Brückner. Ich arbeite seit 2 Jahren als stellvertretender Vertriebsleiter bei ERGO Ltd.
OK. Can I have your attention, everyone?	Kann ich bitte Ihre Aufmerksamkeit haben?

I'd like to **start my talk** with a short introduction of our company and work.

Ich möchte **meinen Vortrag** damit **beginnen**, dass ich Ihnen das Unternehmen und dessen Arbeit kurz vorstelle.

How many of you have already heard of our company?

Wie viele von Ihnen haben schon von unserem Unternehmen gehört?

First, I'd like to say a few words about the **basic aims** of our organisation.

Lassen Sie mich zuerst einige Worte über die **grundsätzlichen Ziele** unserer Organisation sagen.

We have a considerable **market share** worldwide and most of our **sales** are outside Germany.

Wir haben beträchtliche **Marktanteile**, wobei unser größter **Absatz** außerhalb Deutschlands liegt.

So much for the introduction. Let's turn now to my presentation.

So viel zu mir. Lassen Sie mich nun mit meiner eigentlichen Präsentation beginnen.

Beginning and structuring a presentation

Eine Präsentation beginnen und strukturieren

As you all know, I'm here to tell you a little about the sales figures.

Wie Sie wissen, spreche ich heute zu Ihnen, um Sie ein wenig über die Verkaufszahlen zu informieren.

I'm going to speak this afternoon on ...

Ich werde heute Nachmittag über ... sprechen

I'll keep this short as I realise that we are running behind time.

Ich fasse mich kurz, da ich weiß, dass wir wenig Zeit haben.

I would like to start by looking at the sales figures in Germany.

Ich möchte zunächst mit den Verkaufszahlen in Deutschland beginnen.

Today I'm going to be talking about ...

Heute werde ich über ... sprechen.

Now what I want to do today is present you our new word processor.

Ich möchte Ihnen heute unser neues Textverarbeitungssystem vorstellen.

Let me start by ...

Lassen Sie mich damit beginnen, dass ich ...

I'd like to start by ...

Ich möchte damit beginnen, dass ich ...

I would like **to divide my talk into** three parts:
I'll start by describing the **current market situation** in Germany. Then I'll **turn**/**move on to** some of the **achievements** we've made in England so far. After that I'll consider the opportunities we see for further **expansion** in the United Kingdom.

Ich möchte **meinen Vortrag in** drei Abschnitte **unterteilen**:
Ich beginne mit einer Beschreibung der **gegenwärtigen Marktlage** in Deutschland. Dann **gehe** ich **über zu** den **Erfolgen**, die wir bisher in England verzeichnen konnten. Danach erläutere ich die Möglichkeiten einer weiteren **Expansion** im gesamten Vereinigten Königreich.

Background Information

What is the difference between the names England, Great Britain, the United Kingdom and the British Isles?
England is a country. It is part of Great Britain.
Great Britain is made up of three countries: England, Scotland and Wales.
The United Kingdom is the political name for the country made up of The United Kingdom of Great Britain and Northern Ireland. It is often further abbreviated to the UK.
The British Isles is the geographical term for the group of islands lying off the north-west coast of mainland Europe. The largest of the islands is Great Britain. The next largest comprises Northern Ireland and the Irish Republic. Northern Ireland is part of the UK while the Republic of Ireland has been completely independent of the UK since the Anglo-Irish-Treaty established the Irish Free State in 1921.
Don't make the mistakes of many foreigners and call the British people 'English 'and Britain 'England', as if Wales, Scotland and Northern Ireland were merely outer additions to England. Nothing, it should be said, infuriates the Scots, Welsh or Irish more than ignorantly being called English, or for all Britain to be referred to as England. The people who live in Scotland, Wales and Northern Ireland certainly don't consider themselves to be English and have strong and distinctive feelings of national identity.

Talk Talk Talk

I will begin my presentation with giving you an **overview** of ...

Ich werde meine Präsentation damit beginnen, Ihnen einen **Überblick** über ... zu geben.

For this, two factors are responsible.

Hierfür sind zwei Faktoren verantwortlich.

First, ... Second, ...

Erstens, ... Zweitens, ...

I believe that there are several reasons.

Ich glaube, dass es verschiedene Gründe gibt.

Firstly, ... Secondly, ...

Erstens, ... Zweitens, ...

The **main reason** for the **decline in sales figures** is that we have lost one of our best clients.

Der **Hauptgrund** für die **fallenden Verkaufszahlen** ist, dass wir einen unserer besten Kunden verloren haben.

Secondly, the **increase in prices** that we introduced last year has also affected the **sales** of our **products**.

Zweitens, hat die **Preiserhöhung**, die wir letztes Jahr vorgenommen haben, ebenfalls den **Absatz**/**Verkauf** unserer **Produkte** beeinträchtigt.

Moving from point to point in the presentation

Bei der Präsentation zum nächsten Punkt überleiten

I would now like to turn briefly to the problem of ...

Ich möchte mich nun kurz dem Problem von ... zuwenden.

The next issue I would like to focus/concentrate on is ...

Das nächste Problem, auf das ich mich konzentrieren möchte, ist ...

Now, let's look at ...

Betrachten wir nun ...

So much for that point. I would like now to move on to the next point.

So viel dazu. Jetzt möchte ich zum nächsten Punkt übergehen.

That brings me to the next point.

Damit komme ich zum nächsten Punkt.

Have you any questions on the last point?

Haben Sie zu dem letzten Punkt noch Fragen?

No? In that case I'll **move on to** item number 6 in my presentation

Nein? Dann **gehe** ich **zu** Punkt Nummer 6 meiner Präsentation

which deals with internet fraud.	**über**, der sich mit Internet-betrügereien beschäftigt.
If you have no further questions, I would like to move on to the next point.	Wenn Sie keine weiteren Fragen haben, dann möchte ich nun zum nächsten Punkt übergehen.
I'll be **brief and to the point**.	Ich werde meinen Vortrag **kurz und präzise** halten.
I'd like to bring up the point about/question of ...	Ich möchte auf den Punkt/ die Frage zu sprechen kommen ...
I'd now like to **draw your attention** to ...	Ich möchte Sie **darauf hinweisen**, dass ...
I think it's very significant that ...	Ich denke, es ist bedeutsam, dass ...
Now I'd like to proceed by confronting you with some **controversial issues**.	Ich möchte nun fortfahren, indem ich Sie mit einigen **kontroversen Punkten** konfrontieren werde.
That's all I'm going to say about this topic.	Das ist alles, was ich zu diesem Thema sagen möchte.
As an example, I would like to tell you about ...	Als Beispiel möchte ich Ihnen von ... erzählen.
Let me give an example.	Lassen Sie mich ein Beispiel bringen.
A case in point is ...	Ein typisches Beispiel ist ...
For example/for instance ...	Zum Beispiel/beispielsweise ...
To **illustrate** this point, let us consider ...	Um dieses Problem zu **veranschaulichen**, lassen Sie uns .... betrachten.
Allow me to explain ...	Lassen Sie mich ... erläutern.
As you can see, ...	Wie Sie sehen können, ...
As you may have noticed, ...	Wie Sie vielleicht bemerkt haben werden, ...
So you will no doubt see instantly that ...	Sie werden zweifelsohne sofort sehen, dass ...
Let me **digress** for a moment.	Lassen Sie mich kurz etwas **abschweifen**.
Additionally/In addition, ...	Außerdem ...
I would like/might add that ...	Ich könnte/möchte noch hinzufügen, dass ...

What is more, …	Außerdem …
Furthermore, …	Ferner/des Weiteren …
Moreover …	Darüber hinaus …
Consequently, …	Folglich …
Therefore …	Deshalb/deswegen …
Because of this …	Deshalb/deswegen …
For that reason …	Darum/aus diesem Grund …
That's why …	Darum/aus diesem Grund …
Not only … but also …	Nicht nur …, sondern auch …
On the whole, …	Im Großen und Ganzen …
In general …	**Im Allgemeinen** …
Generally speaking …	Allgemein gesprochen …
As a rule …	**Grundsätzlich**/**generell** …
All in all …	Alles in allem …
By and large …	Im Großen und Ganzen …
… especially …	… besonders, vor allem …
…, in particular, …	… insbesondere, besonders, vor allem …
Obviously …	Offensichtlich/offenbar …
Of course, …	Natürlich/selbstverständlich …
Clearly …	Ganz eindeutig …
All things considered, …	Unter Berücksichtigung aller Aspekte …
Nevertheless I would really like to **draw your attention** to the fact that …	Nichtsdestotrotz möchte ich wirklich **Ihre Aufmerksamkeit** auf die Tatsache **lenken**, dass …
In spite of …	Trotz …
Despite the fact that …	Trotz der Tatsache, dass …
However …	Aber/trotzdem/jedoch …
Although …	Obwohl …
Instead of …	Statt/anstatt …
Instead, …	Stattdessen …
Alternatively, …	Als andere Alternative …
The main advantage of … is that …	Der Hauptvorteil von … ist, dass …
There are still the following aspects of the problem to talk about.	Über folgende Aspekte des Problems müssen wir noch sprechen.

That's all I have to say about the situation in England.	Das ist alles, was ich zu der Situation in England sagen möchte.
Let's turn now to the United Kingdom.	Wenden wir uns nun der Situation im gesamten Vereinigten Königreich zu.

Referring to visual aids and illustrative material	**Visuelle Hilfen und Anschauungsmaterial einsetzen**
You don't have to write anything down as I'm going to distribute handouts with the main facts and figures.	Sie müssen nichts aufschreiben, da ich ein Handout mit den wichtigsten Fakten und Zahlen verteilen werde.
Have a look at the handout, please.	Bitte schauen Sie auf Ihr Handout.
May I refer you to page 5 of my handout/**fact sheet**, please?	Darf ich Sie auf Seite 5 meines Handouts/**Informationsblattes** aufmerksam machen?
I can give you a **brochure**/**catalogue** for further information on our products.	Ich kann Ihnen eine **Broschüre**/ einen **Katalog** für weitere Informationen über unsere Produkte geben.
We are going to publish a **report** with the latest **figures** at the end of this month.	Am Ende des Monats werden wir einen **Bericht** mit den neuesten **Zahlen** veröffentlichen.
Can I ask you to look at the following **illustration**?	Darf ich Ihre Aufmerksamkeit auf die folgende **Abbildung** lenken?
As you can see from this **diagram**, ...	Wie Sie diesem **Diagramm** entnehmen können, ...
Let's have a look/Have a look at the following figures.	Schauen Sie sich bitte die folgenden Zahlen an.
What do they show us?	Was sagen/zeigen Sie uns?
I will use **flow charts** to present the figures.	Ich werde **Flussdiagramme** verwenden, um die Zahlen zu verdeutlichen.
I will be using flip charts to illustrate ...	Ich werde Flipcharts verwenden, um zu verdeutlichen, dass ...

Let me turn to the next **chart** now.	Gehen wir jetzt zur nächsten **Tabelle**.
I'll now move on to the next picture.	Jetzt gehe ich zum nächsten Bild über.
Pie charts are best suited for the presentation of percentages.	**Kreisdiagramme** sind am geeignetsten für prozentuale Darstellungen.
To show you the present situation, I have brought you some **slides**.	Um Ihnen die aktuelle Situation zu zeigen, habe ich einige **Dias** mitgebracht.
I have brought a video to demonstrate …	Ich habe ein Video mitgebracht, um Ihnen zu zeigen, …
This short film will introduce you to …	Dieser kurze Film wird Sie mit … vertraut machen.
The next **overhead** gives you an idea of last year's **turnover**.	Die nächste **Overheadfolie** wird Ihnen einen Eindruck von unserem **Umsatz** im letzten Jahr vermitteln.
That brings me to my last overhead.	Damit komme ich zu meiner letzten Overheadfolie.
Right, what we have here are the figures for …	Also, was Sie hier sehen, sind die Verkaufszahlen für …
From this **table** you can see an increased overseas demand.	Aus dieser **Tabelle** können Sie eine gesteigerte Nachfrage in Übersee entnehmen.
I'd like to pass round this **sample** and ask you to test the quality of our material.	Ich lasse dieses **Muster** herumgehen und bitte Sie, sich von der Qualität des Materials zu überzeugen.
I have brought you all samples so you can convince yourself of the high quality of our products.	Ich habe Ihnen alle Muster mitgebracht, so dass Sie sich von der hohen Qualität unserer Produkte überzeugen können.

False Friends

Sample/pattern

Don't mix up »sample« and »pattern«: A »sample« is a small amount or example of something that can be looked at or tried – Muster, (Stich)Probe –, whereas »pattern« is the arrangement of lines, shapes, and colours as a design on material, carpets etc.

Talk Talk Talk

This is the new software program which is being **launched** next week.
If you could all just get up and come to the front I will show you the working of our new printer.

Dies ist die neue Software, die nächste Woche **auf den Markt kommen** wird.
Wenn Sie bitte alle aufstehen und nach vorne kommen könnten, würde ich Ihnen demonstrieren, wie unser neuer Drucker funktioniert.

Making mistakes in presentations

Fehler, die während der Präsentation vorkommen können

I'm sorry, the information you see on your handout is no longer valid.

Entschuldigung, die Information, die Sie auf dem Handout sehen, ist nicht mehr länger gültig.

I'm afraid I've forgotten the latest **price lists**, but I'm fairly sure the new software programme costs 1,000 €.

Leider habe ich unsere neueste **Preisliste** vergessen, aber ich bin mir ziemlich sicher, dass das neue Software-Programm 1.000 € kostet.

Sorry, I've forgotten to show you this overhead which represents our profit in the **first half of this year**.

Entschuldigung, ich habe vergessen, Ihnen diese Overheadfolie aufzulegen, die unseren Gewinn in der **ersten Hälfte dieses Jahres** darstellt.

May I just go back to the last point?

Können wir noch einmal zum letzten Punkt zurückgehen?

I think I've forgotten **to mention** something.

Ich glaube, ich habe vergessen, etwas zu **erwähnen**.

One word/figure on the handout is wrong.

Ein Wort/eine Zahl auf dem Handout ist falsch.

It should read ...

Es soll ... lauten.

Sorry, I wasn't listening. Could you **repeat** your question?

Entschuldigung, ich habe nicht zugehört. Könnten Sie Ihre Frage bitte **wiederholen**?

I take back my comments on last year's sales figures. I have just checked my **documents** and you are right.	Ich nehme meine Bemerkungen über die Verkaufszahlen des letzten Jahres zurück. Ich habe gerade meine **Unterlagen** konsultiert und Sie haben Recht.
I am awfully sorry. My comments were totally out of order.	Es tut mir schrecklich Leid. Meine Bemerkungen waren völlig daneben.
I didn't want to offend anybody. Please accept my apologies.	Ich wollte niemanden damit beleidigen. Bitte nehmen Sie meine Entschuldigung an.
Sorry, I went a bit too far there.	Entschuldigung, da bin ich etwas zu weit gegangen.
Interrupting a talk/presentation	**Zwischenfragen stellen**
I am happy to react to your questions and comments any time.	Ich werde jederzeit gerne auf Ihre Kommentare eingehen.
Don't hesitate to interrupt me during my presentation.	Bitte zögern Sie nicht, mich während der Präsentation zu unterbrechen.
Please feel free to interrupt me any time.	Bitte zögern Sie nicht, mich jederzeit zu unterbrechen.
If I may just interrupt you for a moment/May I interrupt you for a moment?	Dürfte ich Sie kurz unterbrechen?
I don't want to interrupt, but .../ Sorry to interrupt, but ...	Ich möchte nicht unterbrechen, aber .../Entschuldigen Sie die Unterbrechung, aber ...
May I just ask a question?	Könnte ich eine Zwischenfrage stellen?
Could I ask you a question?	Könnte ich Sie etwas fragen?
Could I come in here/at this point?	Könnte ich Sie hier/an dieser Stelle kurz unterbrechen?
If I could just come in here ...	Kann ich etwas zu ... sagen?
If no one objects, I'd like to say a few words about ...	Wenn niemand etwas dagegen hat, würde ich hierzu gerne etwas sagen.
I have a point to make here.	Ich möchte etwas anmerken.

Excuse me for interrupting but ...	Entschuldigen Sie, dass ich unterbreche, aber ...
I'm sorry to butt in, but ...	Entschuldigung, dass ich mich einmische, aber ...
I wonder if I could comment on that last point?	Könnte ich vielleicht etwas zu dem letzten Punkt anmerken?
Excuse me, but I'd just like to point out that ...	Entschuldigung, aber ich möchte darauf hinweisen, dass ...
I'd like to add something here, if I may?	Ich würde an dieser Stelle gerne etwas hinzufügen.
May I just draw your attention to the fact that ...	Dürfte ich Ihre Aufmerksamkeit auf die Tatsache lenken, dass ...
Excuse me, but I think it's relevant here to add that ...	Entschuldigung, aber es ist an dieser Stelle wichtig, hinzuzufügen, dass ...
Excuse me, but wouldn't it be better to ... first?	Entschuldigung, aber wäre es nicht besser, wenn Sie zuerst ...?
Before we go any further, may I point out ...	Bevor Sie fortfahren, darf ich Sie darauf hinweisen, dass ...
Peter, sorry to interrupt you, but before you start, could you please give us the necessary **background information**?	Peter, entschuldige, dass ich dich unterbreche, aber könntest du uns die nötigen **Hintergrundinformationen** geben, bevor du ins Detail gehst?
Of course. That is what I intended to do.	Natürlich. Das hatte ich vor.
Could you speak up a little bit, please?	Könnten Sie bitte etwas lauter sprechen?
I'm sorry. I didn't hear what you said.	Es tut mir Leid, aber ich habe nicht gehört, was Sie gesagt haben.
Would you mind repeating it?	Könntest du/Können Sie dies wiederholen?
I'm sorry but I can't read the figures on the **board**.	Entschuldigung, aber ich kann die Zahlen an der **Tafel** nicht lesen.
Could you go more **into detail**, please?	Könnten Sie das bitte **näher** erläutern?
Yes, of course.	Ja, sicherlich./Ja, natürlich.
Excuse me, may I interrupt you again?	Entschuldigen Sie, aber darf ich Sie nochmals unterbrechen?

Asking questions/challenging	Zwischenfragen stellen
Have you taken into account ...?	Haben Sie berücksichtigt, dass ...?
Has it occurred to you that ...?	Haben Sie eigentlich daran gedacht, dass ...?
Do you realise that ...?	Sind Sie sich bewusst, dass ...?
Wouldn't you agree that ...?	Würden Sie nicht auch sagen, dass ...?
Wouldn't it be a good idea to ...?	Wäre es nicht eine gute Idee, ...?
There are, if I may say so, certain points you should bear in mind.	Wenn Sie mir die Bemerkung erlauben, gibt es gewisse Punkte, die Sie berücksichtigen sollten.
There are other **considerations**. For example, ...	Es gibt noch andere **Überlegungen**. Zum Beispiel, ...
If we look at the matter in another light ...	Wenn wir die Angelegenheit aus einem anderen Blickwinkel betrachten, dann ...
Seen from another angle, one could say ...	Aus einer anderen Perspektive betrachtet, könnte man sagen ...
I wonder if you've considered ...	Ich frage mich, ob Sie darüber nachgedacht haben, dass ...
I really wonder if your view is justified in the light of ...	Ich frage mich wirklich, ob Ihre Sicht gerechtfertigt ist, angesichts ...
I don't think you fully appreciate the fact that ...	Ich glaube nicht, dass Sie dem Umstand völlig Rechnung getragen haben, dass ...

Preventing an interruption/ coming back to a point	Eine Unterbrechung ablehnen/ zum Punkt kommen
I would like to **add** something.	Ich würde gerne etwas **anmerken**/ **hinzufügen**.
Go ahead.	Aber bitte.
But could you then please **hold back** all questions and comments until I have finished?	Würden Sie dann bitte alle Fragen und Kommentare **zurückstellen**, bis ich meine Präsentation beendet habe?

If you have any questions, I'll do my best to answer them at the end.	Wenn Sie Fragen haben, werde ich mein Bestes tun, sie am Ende meiner Präsentation zu beantworten.
I would prefer answering any questions after I have finished my presentation.	Ich würde es vorziehen, Fragen erst nach meinem Vortrag zu beantworten.
Perhaps I could return to that point later on.	Vielleicht kann ich zu diesem Punkt später nochmal zurückkehren.
If I might just finish ...	Wenn ich das gerade noch zu Ende führen könnte.
With your permission, I'd rather finish what I was saying.	Wenn Sie gestatten, würde ich gerne beenden, was ich gerade sagte.
With respect, I should like to finish the point I was making.	Mit Respekt, aber ich möchte den Punkt beenden.
If you would please allow me to continue ...	Wenn Sie mich bitte fortfahren ließen, ...
If you would be so kind as to let me finish ...	Wenn Sie mich freundlicherweise zum Ende kommen ließen ...
As I was saying ...	Wie ich sagte, ...
Allow me to get back to my main point.	Gestatten Sie, dass ich nun zu meinem Hauptargument zurückkehre.
Coming back to what I was saying before ...	Um zu dem bisher Gesagten zurückzukommen, ...
Perhaps I could **resume** ...	Vielleicht könnte ich **fortfahren** ...
If I may just go back to the point I was making ...	Wenn ich zu dem letzten Punkt zurückkehren könnte, ...
If I could continue ...	Wenn ich fortfahren könnte ...
Your question leads us back to ...	Ihre Frage bringt mich zurück zu ...

Ending a presentation / Eine Präsentation beenden

The **intention** of my presentation was to confront you with different alternative solutions.	Das **Ziel** meiner Präsentation war, Ihnen alternative Lösungsmöglichkeiten vorzustellen.

I hope that no **misunderstandings** will result from my **talk**, which I have **given** here.	Ich hoffe, dass aus meinem **Vortrag**, den ich hier **gehalten** habe, keine **Missverständnisse** entstehen werden.
I hope I've **made** myself **clear** on this point.	Ich hoffe, ich habe mich **klar ausgedrückt**.
To present a solution to this problem was the intention of my presentation.	Ziel meiner Präsentation war, eine mögliche Lösung für dieses Problem zu finden.
I almost forgot to tell you that ...	Fast vergaß ich, Ihnen zu sagen, dass ...
Lastly, I'll quickly **recap** before concluding.	Abschließend werde ich noch **kurz** die Ergebnisse **zusammenfassen**.
I would like to **conclude** my comments by assuring you that we are fully aware of the fact that ...	Zum Schluss möchte ich Ihnen versichern, dass wir uns völlig darüber im Klaren sind, dass ...
Let me end by saying that ...	Lassen Sie mich mit folgender Bemerkung zum Abschluss kommen:
I'd like to finish by ...	Ich möchte damit enden, dass ich ...
I think I have spoken long enough now, so ...	Ich denke, ich habe lange genug gesprochen ...
Well, that's it (really).	Nun das wär's (eigentlich).
Well, that completes my end of things.	Also das bringt mich zum Abschluss.
I hope you enjoyed my talk./ ... found it interesting.	Ich hoffe, Sie haben den Vortrag genossen/ihn interessant gefunden.
Let me make a **final remark**.	Lassen Sie mich eine **Schlussbemerkung** machen.
As a conclusion I'd like to ...	Zum Abschluss möchte ich ...
In conclusion, we can say that ...	Abschließend können wir sagen, dass ...
With the following statement I will bring my presentation to an end.	Mit der folgenden Aussage möchte ich meine Präsentation beenden.
I would like to **sum up** now.	Ich möchte nun **zusammenfassen**.

So, to finally conclude ...	Also, um endlich zum Schluss zu kommen ...
To sum up ...	Um es zusammenzufassen ...
Let me conclude by saying ...	Lassen Sie mich abschließend sagen, dass ...
I'd like to conclude by stating that ...	Ich möchte mit der Feststellung abschließen, dass ...
Allow me to conclude by highlighting the fact that ...	Lassen Sie mich mit einem Hinweis auf die Tatsache aufhören, dass ...
In conclusion, I would like to **reiterate** that ...	Zum Abschluss möchte ich **noch einmal betonen**, dass ...
So, basically I have come to the end of my talk. Do you have any questions?	Jetzt bin ich eigentlich am Ende meines Vortrages angelangt. Haben Sie Fragen?
If you have no further questions, I would like to close here.	Wenn Sie keine weiteren Fragen haben, möchte ich jetzt Schluss machen.
Well, I have no further points to make.	Also, ich habe weiter nichts zu sagen.
Thank you for being such a nice **audience**.	Danke, dass Sie so ein nettes **Publikum** waren.
I hope you have enjoyed my presentation.	Ich hoffe, meine Präsentation hat Ihnen gefallen.
That's the end of my presentation.	Das ist das Ende meiner Präsentation.
Thank you for listening and goodbye.	Vielen Dank fürs Zuhören und auf Wiedersehen.
Thank you very much indeed for letting me have the opportunity of talking to you today.	Vielen Dank, dass Sie mir die Gelegenheit gegeben haben, heute vor Ihnen zu sprechen.
I'm afraid we're out of time but, if you wish, we can continue the **discussion** later.	Leider haben wir keine Zeit mehr, aber wenn Sie wollen, können wir die **Diskussion** anschließend fortsetzen.
Well, I really must finish now. I have already gone over the time.	Jetzt muss ich wirklich Schluss machen. Ich habe die Zeit schon überschritten.

Thank you for your attention.	Vielen Dank für Ihre Aufmerksamkeit.
Asking for contributions/ involving the participants	**Eine Diskussion anregen/ die Teilnehmer einbeziehen**
You may now ask questions that have **arisen** during my presentation.	Sie dürfen nun Fragen stellen, die während meiner Präsentation **aufgekommen** sind.
I am now willing to answer any questions.	Ich bin jetzt bereit, Fragen zu beantworten.
I'll take questions now.	Ich nehme nun Ihre Fragen gerne entgegen.
We can now talk over whatever you would like to discuss.	Wir können jetzt alles besprechen, was Sie zur Diskussion stellen.
I'd like/I'd appreciate your comments on my talk.	Ich würde gerne Ihre Meinung zu meiner Präsentation erfahren.
Who would like to start?	Wer möchte anfangen?
Has anyone anything they wish to ask?	Möchte irgendjemand etwas fragen?
Who would like to start with a comment on this?	Wer möchte zuerst hierzu etwas sagen?
Now what does everybody think about this? Steve, ...	Nun, was haltet Ihr davon? Steve, ...
I can imagine you might have questions about my presentation.	Ich kann mir vorstellen, dass Sie Fragen zu meiner Präsentation haben.
If anybody has any questions, please go ahead.	Wenn Sie irgendwelche Fragen haben, bitte stellen Sie sie.
I would be very interested in your opinion on .../I would be interested to know your opinion on ...	Ich bin sehr an Ihrer Meinung über ... interessiert.
How do you see ...?	Wie sehen Sie ...?
How do you **view** ...?	Wie **schätzen** Sie ... **ein**?
What do you think of ...?	Was halten Sie von ...?
What are your thoughts on ...?	Wie denken Sie über ...?
What is your opinion of ...?	Wie ist Ihre Meinung zu ...?
What's your attitude to ...?	Wie stehen Sie zu ...?

What are your own feelings about ...?	Was halten Sie persönlich von ...?
Where exactly do you stand on this **issue**?	Wie genau stehen Sie zu dieser **Angelegenheit**?
I would value your opinion on ...	Mir wäre sehr an Ihrer Meinung über ... gelegen.
I would be interested to know what your reaction is to ...	Ich wüsste gerne, was Sie von ... halten.
Peter, that was a great talk.	Peter, das war eine großartige Rede.
Now is the time to discuss Peter's **suggestions**, which he has put forward in this past hour.	Nun lassen Sie uns über Peters **Vorschläge**, die er während der letzten Stunde gemacht hat, diskutieren.
Any comments or questions?	Irgendwelche Anmerkungen oder Fragen?
Does anybody have any questions?	Hat jemand Fragen?
Steve, I think you wanted to say something?	Steve, ich glaube, du wolltest etwas sagen?
Would you like to come in here?	Möchten Sie an dieser Stelle etwas sagen?
Steve, as you are most directly concerned would you like to present your views first?	Steve, da du am ehesten betroffen bist, möchtest du deine Meinung zuerst sagen?
Melissa, would you care to comment?	Willst du etwas anmerken, Melissa?
Melissa, is there anything you would like to say?	Melissa, gibt es irgendetwas, das du sagen möchtest?
I'd like to call on Melissa to give us her views in detail.	Ich möchte Melissa bitten/auffordern, uns ihre Sicht im Detail zu erläutern.
What's on your mind?	Was denkst du/Was beschäftigt dich?
We haven't heard your opinion yet.	Wir haben noch nicht deine Meinung gehört.
What do you think of this idea?	Was hältst du von dieser Idee?
Would you like to add anything?	Möchten Sie/Möchtest du noch etwas hinzufügen?

Do you have any suggestions how we could **increase** our **profit**?	Haben Sie irgendwelche Ideen, wie wir unseren **Gewinn erhöhen** können?
Does anyone have a better suggestion?	Hat vielleicht noch jemand einen besseren Vorschlag?
What would you **suggest**, Steve?	Was würdest du **vorschlagen**, Steve?
What do you (personally) think of Peter's ideas?	Was hältst du (persönlich) von Peters Ideen?
What do you think about ...	Wie denken Sie über ...
I think Peter is more qualified than I am to deal with this question.	Ich glaube, Peter ist geeigneter als ich, diese Frage zu beantworten.
I would like to bring in Melissa who has studied this matter in more detail than I have.	Ich möchte Melissa in die Diskussion einbringen, da sie sich mit dem Problem intensiver befasst hat als ich.
Does anyone have any further comments?	Möchte noch jemand etwas sagen?
Are there any further points anyone wishes to make?	Möchte noch irgendjemand etwas bemerken?

Suggestions / Vorschläge

Have you thought of these possibilities?	Haben Sie an diese Möglichkeiten gedacht?
May I make a few suggestions?	Könnte ich einige Vorschläge machen?
I would like to put forward the proposal that ...	Ich möchte Ihnen den Vorschlag machen, ...
I **propose**/**suggest** (most strongly) that ...	Ich **schlage** (ganz dringend) **vor**, dass ...
I'd like to advise you most strongly to ...	Ich möchte Ihnen ganz dringend raten, dass ...
In our view it is high time that ...	Unserer Ansicht nach ist es höchste Zeit, dass ...
If I might make a suggestion:	Wenn ich vielleicht einen Vorschlag machen dürfte?
One possible solution might be ...	Wäre es nicht eine mögliche Lösung, ...

What/How about ...?	Wie wäre es mit ...?
We could ...	Wir könnten ...
We'd better ...	Wir sollten besser ...
Couldn't we ...?	Könnten wir nicht ...?
Why don't we ...?	Warum machen wir nicht ...?
Wouldn't it be better if ...?	Wäre es nicht besser, wenn ...?
Wouldn't it be a good idea to ...?	Wäre es nicht eine gute Idee, zu ...?

Background Information

Adding n't to suggestions

Using a grammatical negative (= adding n't) makes a suggestion more open, tentative and therefore more negotiable.

Talk Talk Talk

There are other **considerations** ...	Es gibt noch andere **Überlegungen**:
There are certain points you should bear in mind.	Es gibt noch bestimmte Punkte, die Sie beachten sollten.
I wonder if you've considered that ...	Ich frage mich, ob Sie berücksichtigt haben, dass ...
If we look at it in another light ...	Wenn wir die Sache in einem anderen Licht betrachten ...
Seen from another angle, one could ...	Von einem anderen Blickwinkel aus betrachtet, könnte man ...

Introducing one's own point of view	**Seine eigene Meinung einbringen**
I think that ...	Ich denke/meine, dass ...
I believe that ...	Ich glaube, dass ...
I am sure/certain that ...	Ich bin mir sicher, dass ...
From my point of view ...	Aus meiner Sicht ...
In my eyes ...	In meinen Augen ...
In my opinion ...	Meiner Meinung nach ...

I am of the opinion that ...	Ich bin der Meinung, dass ...
I for my part ...	Ich für meinen Teil ...
As I see it ...	Wie ich die Situation sehe, ...
As far as I am concerned ...	Was mich betrifft ...
What I find most interesting here is ...	Was ich hier am interessantesten finde ist, dass ...
It seems to me that ...	Mir scheint ...
I would say that ...	Ich würde sagen, dass ...
My own point of view is that ...	Ich bin der Ansicht, dass ...
I (fully) expect that ...	Ich nehme (stark) an, dass ...
I am absolutely convinced that ...	Ich bin durchaus davon überzeugt, dass ...
I firmly believe that ...	Ich glaube fest daran, dass ...
It's my belief that ...	Ich glaube, dass ...
There's no doubt in my mind that ...	Ich habe keinen Zweifel, dass ...
It's quite clear that ...	Es ist ganz klar, dass ...
As far as I'm able to **judge** ...	Soweit ich in der Lage bin, zu **urteilen** ...
I have a good idea that ...	Ich kann mir (gut) vorstellen, dass ...
If you ask me ...	Wenn Sie/du mich fragen/fragst, (dann) ...
If you want my opinion ...	Wenn Sie meine Meinung hören wollen ...
I can't help feeling that ...	Ich werde den Eindruck nicht los, dass ...
As I see it ...	Wie ich die Sache sehe ...
Personally, I believe that ...	Persönlich glaube ich ...
As far as I'm concerned ...	Was mich betrifft ...
I'd like to **emphasize**/**stress** that ...	Ich möchte **betonen**, dass ...
I feel this is a vital/crucial issue.	Ich glaube, das ist eine wichtige Angelegenheit.
I have no particularly strong opinion about that.	Ich habe eigentlich keine besondere Meinung zu diesem Thema.
I would rather not comment on this issue.	Ich möchte mich zu dieser Angelegenheit nicht äußern.

I would rather not express an opinion on that.

Ich möchte mir darüber besser kein Urteil erlauben.

I find it hard to judge the **current** situation.

Es scheint mir schwierig, die **gegenwärtige** Situation zu beurteilen.

It is hard to say.

Es ist schwer zu sagen.

Mr Chairman, may I make a point here?

Herr Vorsitzender, kann ich hierzu etwas sagen?

With the Chair's permission, I would like to ...

Mit Erlaubnis des Vorsitzenden würde ich gerne ...

Background Information

Chairman or Chairperson?

For many years, *Chairman* was standard, even if the person in the chair was a woman.

Now, all of the following are used: *chairman, chairperson, chair, chairwoman*. All except the last may be applied to either a man or a woman, while the last is used only if the person is known to be female:

However, bear in mind that »person« in combination instead of »-man« is the politically correct term and used in Great Britain to avoid illegal or unnecessary discrimination on grounds of sex.

Talk Talk Talk

Agreement / Zustimmung

Expressing strong agreement / Uneingeschränkte Zustimmung

I entirely/totally agree.

Ich bin ganz Ihrer Meinung.

I agree with you completely.

Ich stimme Ihnen völlig zu.

You're absolutely right. I'm all in favour.

Sie haben völlig Recht. Ich unterstütze Sie.

I definitely couldn't agree with you more.

Ich stimme Ihnen vollständig zu.

I agree entirely with your point of view.

Ich habe genau die gleiche Ansicht.

I'm of exactly the same opinion.	Ich bin genau der gleichen Meinung.
I couldn't have put it better myself.	Ich hätte es selber nicht besser sagen können.
We must increase profit – **Hear, hear**!	Wir müssen unseren Gewinn erhöhen – **ganz meine Meinung**!
I **agree wholeheartedly** with your opinion on ...	Ich **stimme** Ihnen **uneingeschränkt zu**.
I must admit you're right.	Ich muss gestehen, dass Sie Recht haben.
I absolutely agree with you .../I totally agree with your **assessment** of the situation.	Ich stimme Ihnen voll und ganz zu./Ich bin mit Ihrer **Beurteilung** der Situation voll und ganz einverstanden.
I **second** your proposal.	Ich **unterstütze** Ihren Vorschlag.
I am fully in favour of ...	Ich bin voll und ganz dafür, dass ...
I should like to express my total support for this ...	Ich möchte meine volle Unterstützung für ... aussprechen.
This proposal has my full support.	Dieser Vorschlag hat meine volle Unterstützung.
I would certainly give my backing to ...	Selbstverständlich gebe ich ... meine Unterstützung.
I would not be opposed to that.	Ich habe nichts dagegen einzuwenden.
I see no objection to that.	Ich habe dazu keine Einwände.
We are in complete agreement on this point.	Wir sind uns in diesem Punkt völlig einig.
I entirely take your point about increasing our market share.	Ich akzeptiere Ihre Meinung vollkommen, was die Vergrößerung unseres Marktanteils betrifft.
I think we see completely eye to eye on this issue.	Wir sind uns in dieser Angelegenheit völlig einig.
You're quite right in pointing at the change of **customer behaviour** as the main problem.	Sie haben Recht, wenn Sie ein verändertes **Kundenverhalten** als Hauptgrund nennen.
We share your views on the proposed expansion of our **plant**.	Wir teilen Ihre Ansicht, was die angestrebte Expansion unserer **Produktionsanlage** betrifft.

I will give my full support to this **marketing strategy**.	Ich werde diese **Marketingstrategie** voll unterstützen.
My own experience certainly **bears out**/**confirms** what you've just said.	Meine eigene Erfahrung **bestätigt**, was Sie gerade gesagt haben.
I couldn't agree with you more.	Ich bin ganz Ihrer Meinung.
I have to concede your arguments are very convincing.	Ich muss zugeben, dass Ihre Argumente sehr überzeugend sind.
I have no objections to initiating a marketing campaign.	Ich habe keine Einwände gegen die Einführung einer Marketingkampagne.
That's a good idea.	Das ist eine gute Idee.
What an excellent idea!	Was für eine ausgezeichnete Idee!
I'd certainly go along with that!	Ich stimme dem auf jeden Fall zu.
That's just the job!	Das ist genau das Richtige!
This is exactly what I had in mind.	Das ist genau das, was ich wollte.
I'm very much in favour of your proposal.	Ich bin sehr für Ihren Vorschlag.
We are all very enthusiastic about/very keen on your proposals.	Wir sind alle sehr begeistert von Ihren Vorschlägen.
This proposal **meets with** my **approval**.	Diesen Vorschlag werde ich **befürworten**.
Peter's plan **deserves** our **wholehearted**/**total support**.	Peters Plan **verdient** unsere **uneingeschränkte Unterstützung**.
This proposed scheme is most acceptable to us.	Dieser vorgeschlagene Plan ist sehr annehmbar.
We **view** your proposal to increase profit **favourably**.	Wir **betrachten** Ihren Plan, den Gewinn zu erhöhen, mit **Wohlwollen**.
I shall certainly **give** it my **backing**.	Ich werde es auf jeden Fall **befürworten**.
Increase in profit? I like the sound of that!/Sounds good to me!	Gewinnsteigerung? Das klingt gut!
We **certainly welcome** this **development**.	**Selbstverständlich begrüßen** wir diese **Entwicklung**.
I'm all for initiating a marketing campaign as soon as possible.	Ich bin ganz dafür, so bald wie möglich, eine Marketingkampagne zu starten.

The conclusions of the marketing department are entirely consistent with your findings, Peter.

Die Schlussfolgerungen der Marketingabteilung entsprechen vollkommen deinen Ergebnissen, Peter.

I'll do as you suggest and **initiate the necessary steps**.

Ich werde Ihren Rat befolgen und **leite die notwendigen Schritte ein**.

Expressing partial agreement

Eingeschränkte Zustimmung

I agree **in principle**, but ...

Grundsätzlich stimme ich zu, jedoch ...

Although I agree with most of what you've said, I ...

Obwohl ich dem meisten von dem, was du sagst zustimme, ...

I find it difficult to agree with your point about ...

Ich finde es etwas schwierig, Ihnen in diesem Punkt zuzustimmen.

By and large, I would accept your point of view, but ...

Im Großen und Ganzen stimme ich Ihnen zu, aber ...

I agree up to a point.

Bis zu einem gewissen Punkt stimme ich zu.

Well, to a certain extent I agree with you, but ...

Also bis zu einem gewissen Maß stimme ich Ihnen zu, aber ...

I have some sympathy with your position, but ...

Ich habe Verständnis für Ihre Position, dennoch ...

I take your point, but .../
I can see your point of view, but ...

Ich verstehe Ihre Sicht der Dinge, aber ...

Clarifying misunderstandings

Missverständnisse vermeiden/beheben

We seem to be talking at cross purposes.

Wir reden aneinander vorbei.

I think you've **misunderstood** me.

Ich denke, Sie haben mich **falsch verstanden**.

That isn't quite what I meant.

So habe ich dies nicht ganz gemeint.

With respect, that is not what I said.

Mit Respekt, aber das habe ich nicht gesagt.

Perhaps I haven't made myself clear enough.	Vielleicht habe ich mich nicht klar genug ausgedrückt.
Basically, what I'm trying to say is ...	Was ich sagen wollte ist, ...
Sorry, I'm probably not making myself clear.	Entschuldigung, aber vielleicht drücke ich mich nicht klar genug aus.
Let me put it another way.	Lassen Sie mich dies anders formulieren.
Perhaps I should make that clearer by saying that ...	Vielleicht wird dies etwas klarer, wenn ich sage, dass ...
I'm afraid there seems to have been a slight misunderstanding.	Ich fürchte, hier liegt ein kleines Missverständnis vor.

Background Information

Qualifiers

Successful business meetings often depend on avoiding open disagreement. The more general the statement, the more likely it is to produce disagreement. Good negotiators, therefore, often restrict general statements by using qualifiers or modifiers like:

a **slight** misunderstanding	ein kleines Missverständnis
a **little bit too** early	ein wenig zu früh
some reservations	einige Vorbehalte
a **short** delay	eine kurze Verzögerung
a **bit of a** problem	ein wenig problematisch
a **little** more time	ein wenig mehr Zeit

Talk Talk Talk

To be more specific, ...	Um genauer zu sein, ...
Actually, that's not quite what I meant.	**Eigentlich** habe ich dies nicht gemeint.
With all due respect, I've never said that ...	**Bei allem Respekt**, aber ich habe nie gesagt, dass ...
Look, you know perfectly well, I've never said that ...	Hören Sie, Sie wissen ganz genau, dass ich nie gesagt habe, dass ...

Asking for confirmation and further information	Sich vergewissern und Zusatzinformation erfragen
If I've understood you correctly, you're saying that ...?	Wenn ich Sie richtig verstehe, sagen Sie, dass ...?
Correct me if I'm wrong, but ...?	Korrigieren Sie mich, wenn ich falsch liege, aber ...?
Am I correct in **assuming** that ...?	Habe ich Recht, wenn ich **annehme**/**sage**, dass ...?
When you say ..., do you mean ...?	Wenn Sie von ... sprechen, meinen Sie dann ...?
Are you saying that ...?	Wollen Sie damit sagen, dass ...?
Basically, what you're saying is ...	Also, was Sie eigentlich sagen wollen, ist ...
What point are you trying to make?	Worauf wollen Sie hinaus?
So what exactly are you saying?	Was genau meinen Sie damit?
So you think/in your opinion ...	Also Ihrer Meinung nach ...
What exactly do you mean by that?	Was genau meinst du damit?
Do you see what I'm **getting at**?	Verstehen Sie, was ich **damit sagen** will?
Is that clear?	Ist das klar?
Do you mean ...?	Meinen Sie ...?
So are you saying ...?	Sie wollen also damit sagen, dass ...?
Would you mind briefly going over ...?	Können Sie dies bitte noch einmal kurz wiederholen?
I wonder if you could expand on that?	Ich frage mich, ob Sie dies näher erläutern könnten.
Just to make sure I got it right.	Ich möchte sicher gehen, dass ich alles richtig verstanden habe.
Did I understand you correctly that ...?	Habe ich Sie richtig verstanden, dass ...?
While you're on the **topic** of ... may I ask ...?	Da Sie gerade bei dem **Thema** ... sind – kann ich Sie fragen, ob ...?
Could you be a little bit more precise?	Könnten Sie etwas präziser sein?
Could you give us some details about ...?	Könnten Sie uns weitere Details über ... geben?

I'm sorry but could you explain this in a little more detail? Would you care to **elaborate** on that?	Entschuldigung, aber könnten Sie dies etwas detaillierter erklären? Würde es Ihnen etwas ausmachen, dies **eingehender** zu **erklären**?
Asking for a repetition	**Um Wiederholung bitten**
I'm afraid I'm not quite clear what you mean by that. I'm sorry I didn't quite follow what you said about …	Leider ist mir nicht ganz klar, was Sie damit meinen. Entschuldigung, aber ich konnte Ihren Ausführungen zu … nicht ganz folgen.
I'm afraid I don't understand what you mean by that. I'm afraid I didn't get your last point.	Leider verstehe ich nicht ganz, was Sie damit meinen. Entschuldigung, aber ich habe Ihren letzten Punkt nicht mitbekommen.
Could you go over your last point again, please? I'm sorry, I didn't hear what you said. Could you tell us a little more about …? Could you give us more details why …? Could you be a little more precise?/I'm sorry, but could you explain in a little more detail? Could you run over that again?	Könnten Sie Ihren letzten Punkt bitte noch einmal wiederholen? Entschuldigung, ich habe nicht verstanden, was Sie gesagt haben. Könnten Sie uns etwas mehr über … sagen? Könnten Sie näher erläutern warum …? Könnten Sie dies etwas präzisieren?/Könnten Sie etwas mehr ins Detail gehen? Könntest du das noch einmal wiederholen?
Would you talk us through this again? Yes, that's right up to a point but this is how I see the situation.	Könntest du das noch einmal erklären? Bis zu einem gewissen Punkt stimmt dies, aber dennoch sehe ich die Situation so.
I wonder if you realize that we are talking about different things here.	**Ich frage mich**, ob Sie sich bewusst sind, dass wir über verschiedene Dinge sprechen.

I was not trying to point out just one possible solution. Instead, what I had in mind was **to set off a discussion** that will help to find the best of several options.

Ich habe nicht versucht, nur eine mögliche Lösung aufzuzeigen. Stattdessen war es mein Ziel, **eine Diskussion anzuregen**/**in Gang zu bringen**, die uns helfen wird, die beste von mehreren Optionen herauszufinden.

I'm afraid I cannot quite follow your arguments.

Ich fürchte, ich kann Ihrer Argumentation nicht ganz folgen.

There seems to have been some slight misunderstanding. Could you please go back to your last point and **clarify** it?

Mir scheint, hier ist etwas unklar. Könnten Sie noch einmal auf den letzten Punkt zurückkommen und ihn **klären**?

Of course. Let me put this **foil** on the overhead projector again to illustrate what I had in mind.

Sicher. Ich werde noch einmal die **Folie** auf den Overheadprojektor auflegen, um Ihnen meine Absicht zu verdeutlichen.

Where could I get more information on that?

Wo kann ich weitere Informationen zu diesem Punkt erhalten?

Would you mind ...?

Würde es Ihnen etwas ausmachen, (wenn) ...?

I was wondering if you could ...?

Ich frage mich, ob Sie ... könnten?

May I ask if ...?

Darf ich fragen, ob ...?

Would you mind if I asked a question about your presentation?

Würde es Ihnen etwas ausmachen, wenn ich eine Frage zu Ihrem Vortrag stelle?

Dealing with questions

Auf Zwischenfragen eingehen

Thanks for that question.

Danke für diese Frage.

Good question!

Gute Frage!

That's a very interesting question.

Das ist eine sehr interessante Frage.

That is a very good question and one which is asked a lot.

Das ist eine sehr gute Frage, die sehr oft gestellt wird.

You have **raised a** very important **point** here.

Sie haben hier **einen** sehr wichtigen **Punkt angeschnitten**/**zur Sprache gebracht**.

I'm glad you've asked that question.
Ich bin froh, dass Sie diese Frage gestellt haben.

There is a very simple answer to this question.
Es gibt eine sehr einfache Antwort auf diese Frage.

That's a difficult question to answer.
Diese Frage ist schwer zu beantworten.

I'm sure you'll appreciate how complicated this matter is.
Ich bin mir sicher, dass Sie sich bewusst sind, wie schwierig die Angelegenheit ist.

Well, that's rather difficult to say really.
Nun, das ist recht schwierig zu sagen.

I'm afraid I don't have enough information **at my disposal** to answer that.
Leider **verfüge** ich nicht **über** genug Informationen, um dies beantworten zu können.

I don't know the answer to this off the top of my head.
Auf Anhieb weiß ich keine Antwort auf diese Frage.

I'm afraid I'm not in a position to comment on that.
Leider bin ich nicht in der Lage, darüber etwas zu sagen.

I'm afraid **I'm** not **authorised to** hand out any details on this operation.
Leider **bin** ich nicht **autorisiert**/**berechtigt**, Einzelheiten über diese Unternehmung zu geben.

I think we can leave this problem aside for a moment, the real issue is …
Ich denke, wir können dieses Problem im Augenblick hinten anstellen, denn die eigentliche Frage ist …

No doubt this is a very valid comment, but would anybody mind if we moved on to the question of …
Dies ist zweifelsohne eine überaus berechtigte Frage, aber hätte irgendjemand etwas dagegen, wenn wir uns nun mit … beschäftigten?

Well, as a matter of fact, I was intending to deal with this later on.
Also eigentlich wollte ich dies erst später diskutieren.

Perhaps we could come back to that later.
Vielleicht können wir später wieder darauf zurückkommen.

Can I **get back to** you on that? I can't say anything definite at the moment because I don't have the **sales figures** yet.
Kann ich mich diesbezüglich **bei** Ihnen **melden**? Ich kann noch nichts Genaues sagen, da ich die **Verkaufszahlen** noch nicht vorliegen habe.

I'm not really sure, but …	Ich bin mir nicht ganz sicher, aber …
I can't tell you off-hand.	Das kann ich Ihnen auf Anhieb/so ohne weiteres nicht sagen.
I must admit I don't know.	Ich muss zugeben, dass ich dies nicht weiß.
I haven't a clue.	Ich habe keine Ahnung.
I don't have the slightest idea.	Ich habe nicht die geringste Ahnung.
I'll have to find out for you as soon as possible.	Das werde ich so schnell wie möglich für Sie herausfinden.
I can let you know later, if you like.	Das kann ich Ihnen später sagen, wenn Sie möchten.
Sorry, I didn't catch your question.	Entschuldigung, ich habe Ihre Frage akustisch nicht verstanden.
Could you repeat your question, please?	Könnten Sie Ihre Frage bitte wiederholen?
What do mean by that?	Was meinen Sie damit?
Do you mean …?	Meinen Sie …?
… or are you referring to our overseas markets?	… oder beziehen Sie sich auf unsere Märkte in Übersee?
If I have understood your question correctly, you mean …	Wenn ich Ihre Frage richtig verstanden habe, meinen Sie …
With regard to our latest catalogue, I will have to refer you to our marketing department.	**Was** unseren letzten Katalog **betrifft**, muss ich Sie an unsere Marketing-Abteilung verweisen.

Expressing disagreement and doubts / Ablehnung/Zweifel ausdrücken

Yes, I should imagine so, though possibly …	Ja, dies ist vorstellbar, obschon möglicherweise …
My **initial reaction** is favourable, but …	Meine **erste Reaktion** war wohlwollend, aber …
I shouldn't like you to think I'm against this in any way, but I can't help wondering what …	Ich möchte nicht, dass Sie glauben, ich sei in irgendeiner Form dagegen, aber ich kann nicht umhin, mich zu fragen, was …

With (due) respect, I still think that …	Bei allem Respekt denke ich dennoch, dass …

Background Information

Strong disagreement is quite rare in English and often introduced by various **»softeners«** like »With due respect«/»With all due respect«. In British English it is usual, when disagreeing with someone you do not know well and to whom you do not wish to give offence, to start your disagreement as if you are about to agree.

Talk Talk Talk

I respect your opinion, of course, however, …	Ich respektiere natürlich Ihre Meinung, jedoch …
I take your point, but have you **considered** …	Ich akzeptiere, was Sie sagen, aber haben Sie auch **berücksichtigt**, dass …
You have a point there, but …	Sie haben da sicherlich Recht, aber …
I can't say I **share** your opinion.	Ich kann nicht behaupten, dass ich Ihren Standpunkt **teile**.
I'm not totally **convinced** by your argument.	Ich bin nicht ganz von Ihrem Standpunkt **überzeugt**.
Do you really think so?	Denken Sie dies wirklich?
Well, I can't help feeling that …	Ich kann nicht umhin zu glauben, dass …
I don't know about that.	Da bin ich mir nicht sicher.
I wouldn't say that.	Ich würde das nicht sagen.
I'm not so sure I agree with you.	Ich bin mir nicht sicher, ob ich Ihnen da zustimmen kann.
Well, I can't say I'm completely happy with the **idea**.	Ich kann nicht behaupten, dass ich mit dieser **Vorstellung** völlig zufrieden bin.
I can see your **point of view**, but surely …	Ich verstehe Ihren **Standpunkt**, aber …

I have some sympathy with your position, but ...	Ich habe Verständnis für Ihre Position, aber ...
On the face of it, this seems quite a good **suggestion**, but ...	Oberflächlich betrachtet, scheint dies ein guter **Vorschlag** zu sein, aber ...
I can see many problems ahead in adopting this proposal.	Ich sehe eine Reihe von Problemen auf uns zukommen, wenn wir diesen Vorschlag annehmen.
I'm not sure the plan is **feasible**.	Ich bin mir nicht sicher, ob der Plan **durchführbar** ist.
This proposal is likely to present difficulties.	Dieser Vorschlag birgt wahrscheinlich eine Reihe von Schwierigkeiten.
I'm not convinced that this proposal is really worthwhile.	Ich bin nicht davon überzeugt, dass sich die Umsetzung dieses Vorschlags auch wirklich lohnt.
Frankly,/To be quite frank ...	Ehrlich gesagt, ...
To put it bluntly ...	Lassen Sie mich ganz ohne Umschweife sagen ...
I don't agree to the statement that ...	Ich bin nicht damit einverstanden, dass ...
I do not at all share your views on ...	Ich teile überhaupt nicht Ihre Meinung, dass ...
I really cannot accept your point of view.	Ich kann Ihren Standpunkt unmöglich akzeptieren.
I disagree.	Ich muss Ihnen widersprechen.
I don't agree at all.	Ich stimme Ihnen überhaupt nicht zu.
I really can't agree with you on that one.	Ich kann Ihnen diesbezüglich wirklich nicht zustimmen.
I'm not convinced by your argument.	Ich bin von Ihren Argumenten wirklich nicht überzeugt.
I can't say I share your views.	Ich kann nicht sagen, dass ich Ihre Meinung teile ...
I really must take issue with you there.	Ich muss Ihnen darin wirklich widersprechen.
I see things differently.	Ich sehe die Sache anders.
You are completely mistaken.	Sie liegen völlig falsch.
You are wrong to suggest that ...	Sie liegen falsch, wenn Sie behaupten, dass ...

How can you say that ...?	Wie können Sie behaupten, dass ...?
I object to ...	Ich verwahre mich gegen ...
I cannot agree to your proposal.	Ich kann Ihren Vorschlag nicht gutheißen.
I cannot support you on this matter.	Ich kann Sie in dieser Angelegenheit nicht unterstützen.
As you have quite rightly pointed out, this will not be easy, but we have to do our best.	Wie Sie bereits richtig bemerkten, wird dies nicht einfach sein, doch wir müssen unser Bestes tun.
I can't **give** your proposal my **unqualified support**.	Ich kann Ihren Vorschlag nicht **uneingeschränkt billigen**.
I cannot accept your view that the **lack of staff** in our **Research and Development** explains our falling sales figures.	Ich kann die Ansicht nicht teilen, dass der **Personalmangel** in unserer **Entwicklungsabteilung** verantwortlich sein soll für unsere fallenden Verkaufszahlen.
I don't think much of ...	Ich halte nicht viel von ...
You don't seriously think that ...	Du glaubst doch nicht im Ernst, dass ...
I cannot go along with that.	Ich kann mich dem nicht anschließen.
I am afraid I cannot accept your proposal.	Leider kann ich Ihre Vorschläge nicht akzeptieren.
Under no circumstances could I agree to that.	**Unter keinen Umständen** könnte ich dem zustimmen.
We simply cannot afford to ...	Wir können es uns einfach nicht leisten, ...
I have to **express misgivings about** your **line of argument**.	Ich muss hier jedoch einige **schwerwiegende Bedenken** gegen Ihre **Gedankenführung anmelden**.
It's hard to believe that ...	Es ist kaum zu glauben, dass ...
Do you expect us to believe that ...	Erwarten Sie etwa von uns, dass wir glauben, dass ...
I'm not sure about that.	Ich bin mir dessen nicht sicher.
I agree **in theory**, but **in practice** it's never quite that simple.	**Theoretisch** stimme ich Ihnen zu, aber **in der Praxis** ist es niemals so einfach.

I don't think much of this idea.	Ich halte nicht viel von dieser Idee.
This doesn't seem to be the right way of dealing with the problem.	Dies scheint mir die falsche Methode zu sein, um dieses Problem zu lösen.
I really don't approve of ...	Ich bin gar nicht einverstanden mit ...
I'm far from happy about the situation.	Ich bin gar nicht glücklich über die Situation.
I must protest in the strongest possible terms about ...	Ich muss energisch gegen ... protestieren.
Lowering prices is the wrong **approach**.	Die Preise zu senken ist die falsche **Art und Weise, dies anzupacken**.
No, it's simply not feasible to change the schedule at this late stage.	Nein, das ist einfach nicht möglich, den Plan zu diesem späten Zeitpunkt zu ändern.
This is not a **viable alternative**.	Das ist keine **praktisch durchführbare Möglichkeit**.
That's simply not realistic.	Das ist einfach nicht realistisch.
I will not hear of such a thing.	Ich will von so etwas nichts hören.
Right idea, wrong approach.	Ein guter Gedanke, aber er geht in die falsche Richtung.
I cannot agree with you on this point.	Ich kann dir in diesem Punkt nicht zustimmen.
We must agree to differ on this one.	Darüber sind wir wohl unterschiedlicher Meinung.
There must be some mistake, Peter, it can't possibly cost as much as that.	Hier muss ein Fehler vorliegen, Peter, es kann auf gar keinen Fall so viel kosten.
This is most definitely not the case.	Das ist auf gar keinen Fall so.
I entirely reject your **conclusions**.	Ich lehne deine **Schlussfolgerungen** vollständig ab.
This is your view of the situation: it is certainly not mine.	Dies ist deine Beurteilung der Situation: Meine Ansicht ist das jedenfalls nicht.
While we are grateful for your ideas, Peter, we are unfortunately unable to **implement** them.	Obschon wir dir dankbar für deine Vorschläge sind, ist es uns leider unmöglich, sie **umzusetzen**.

I am totally opposed to the proposal.	Ich bin völlig gegen diesen Vorschlag.
I see no valid reason for supporting the proposal.	Ich sehe keinen Grund, diesen Vorschlag zu unterstützen.
Frankly, I think that's out of the question.	Offen gesagt, kommt das nicht in Frage.
I'm afraid this proposal **leaves a great deal to be desired**.	Leider **lässt** dieser Vorschlag **viel zu wünschen übrig**.
Under no circumstances should we come to a **hasty** decision on this.	Auf keinen Fall sollten wir eine **voreilige**/**überstürzte** Entscheidung treffen.
I'm afraid such a decision might lead to ...	Ich fürchte, eine solche Entscheidung könnte zu ... führen.
I feel that **in view of** the **economic situation** it would be more prudent to ...	Ich denke, dass es **angesichts** der **wirtschaftlichen Lage** ratsamer/klüger wäre ...
I'm afraid I can't support the proposal.	Leider kann ich diesen Vorschlag nicht unterstützen.
As it stands, I would not be able to give this proposal my backing.	Wie die Situation ist, bin ich nicht in der Lage, diesem Vorschlag meine Unterstützung zu geben.
Without **substantial** changes, I cannot give the proposal my support.	Wenn keine **grundlegenden** Veränderungen vorgenommen werden, kann ich diesen Vorschlag nicht unterstützen.

The role of the chairman – finding a compromise / Die Funktion des Vorsitzenden – Kompromisse schließen

Who agrees with ...?	Wer stimmt dem zu .../Wer stimmt mit dem überein ...?
Do we all agree on this?	Sind wir uns alle in diesem Punkt einig?
Does that meet with everyone's approval?	Stimmt dem jeder zu?
Is that OK with everyone?	Ist jeder damit zufrieden?
Are we all in favour of ...?	Unterstützen wir alle ...?
Perhaps we should take a formal vote on this.	Vielleicht sollten wir nun offiziell darüber abstimmen.

Shall we **take a vote**, then?	Können wir nun **zu einer Abstimmung kommen**?
All those in favour of Peter's proposal?	Wer stimmt für Peters Vorschlag?
It's a **stalemate situation**!	Wir sind in einer **Pattsituation**/**Sackgasse**!
OK, that means I, as the **chairperson**, have the **casting vote**.	OK, d.h., dass ich als **Vorsitzender** die **ausschlaggebende Stimme** habe.
In the event of a **tie**, I would like to remind you that I have the casting vote.	Für den Fall eines **unentschiedenen Stimmenergebnisses** möchte ich Sie daran erinnern, dass ich die entscheidende Stimme habe.
And I'm **backing** Peter.	Und ich **unterstütze**/**stimme für** Peter.
I would like **to propose the motion** that ...	Ich möchte **den Antrag stellen**, dass ...
I would like **to move** that ...	Ich möchte **beantragen**, dass ...
With the Chair's/Chairman's permission, I move that ...	Mit Erlaubnis des Vorsitzes möchte ich beantragen, dass ...
Would anyone like **to second the motion**?	**Unterstützt** jemand **diesen Antrag**?
Seconded!/I'll second that motion.	Ich unterstütze diesen Antrag!
Seconded by Mr/Ms ...	Unterstützt von Herrn/Frau ...
Will those in favour of the motion raise their right hands?	Würden bitte alle, die den Antrag unterstützen, ihre rechte Hand heben?
Those for the **motion**, please?	Wer stimmt für den **Antrag**?
Those against?	Und wer dagegen?
Any **abstentions**?	Irgendwelche **Enthaltungen**?
The motion is carried **unanimously**.	Der Antrag ist **einstimmig** angenommen.
The motion has been rejected by 6 to 4.	Der Antrag wurde mit 6 zu 4 Stimmen abgelehnt.
So, Peter's proposal has been accepted by three votes to two.	Peters Vorschlag wurde also mit 3 zu 2 Stimmen angenommen.
Well, that's settled then.	Nun, dies ist also beschlossen.
Good, we all agree.	Gut, wir sind uns einig.

I think that we have finally found a good compromise.
Excellent. We have a **consensus**.

Ich denke, wir haben endlich einen guten Kompromiss gefunden.
Ausgezeichnet. Wir haben eine **Übereinstimmung**.

The role of the chairman – closing a meeting

Die Funktion des Vorsitzenden – eine Sitzung beenden

Does anyone object if we leave this for now and move on to the last point?
We are running out of time, so we really must move on to the last point of our agenda.
We are now coming to the last point and I really must ask you to summarize your comments briefly.
That just about covers everything.
I think we should leave it there for the moment.
Is there any other business?
Any final questions or comments?
Right. You've all had your say. Has anybody anything further they wish to raise?
Can we leave the matter there then?
At this point, maybe I should sum up the main points **raised** by all of you.
Well, at this stage I feel I should summarize **the matter as it stands**.
If I may just go over the main points raised so far?

Hat irgendjemand etwas dagegen, wenn wir dies vertagen und zu unserem letzten Punkt übergehen?
Die Zeit läuft uns davon. Wir müssen jetzt wirklich zum letzten Punkt auf der Tagesordnung kommen.
Wir kommen jetzt zum letzten Punkt und ich muss Sie bitten, sich kurz zu fassen.
Damit wäre alles gesagt.
Ich denke, wir sollten es im Augenblick hierbei belassen.
Gibt es noch Weiteres zu besprechen?
Gibt es irgendwelche Fragen oder Schlussbemerkungen?
Gut. Jeder hat seine Meinung gesagt. Möchte noch irgendjemand etwas anmerken?
Können wir die Sache dann erst einmal auf sich beruhen lassen?
Zu diesem Zeitpunkt möchte ich die von Ihnen allen **vorgetragenen** Punkte zusammenfassen.
Nun, zu diesem Zeitpunkt denke ich, sollte ich **den Stand der Dinge** zusammenfassen.
Dürfte ich die Hauptpunkte, die vorgebracht wurden, nochmals durchgehen?

Well, if I could just sum up the discussion …	Nun, lassen Sie mich die Diskussion zusammenfassen …
To summarize, I think we are in agreement on …	Abschließend denke ich, sind wir uns einig darin, dass …
In short, …	Kurzum, …
Now that we've all had our say, I'd like to briefly review the situation.	Nachdem nun jeder seine Meinung gesagt hat, möchte ich noch einmal einen kurzen Überblick über die Situation geben.
So, to summarize what has been said so far …	Um also das bisher Gesagte zusammenzufassen …
Let me sum up the results.	Lassen Sie mich die Ergebnisse zusammenfassen.
That just about wraps it up, I think.	Ich denke, das wäre es dann wohl für heute.
Well, I think that covers everything.	Ich denke, damit wäre dann wohl alles besprochen.
I think that's all we have time for.	Ich denke, wir haben nicht mehr Zeit.
Can we leave it at that for now?	Können wir es heute dabei belassen?
Let's finish it here, everyone.	Lasst uns hier aufhören für heute.
Let's call it a day, shall we?	Sollen wir für heute Schluss machen?
If no one would like to add anything, I think we should **call it a day**/**break off** here.	Wenn niemand etwas hinzuzufügen hat, dann denke ich, sollten wir **Feierabend machen**.
If there's nothing else, I suggest we finish.	Wenn nichts weiter ansteht, schlage ich vor, dass wir hier aufhören.
Perhaps we can finish by …	Vielleicht können wir damit aufhören, dass …
That's all for now. Thank you, ladies and gentlemen.	Das wäre im Augenblick alles. Vielen Dank, meine Damen und Herren.
That concludes our business for today. Thank you.	Damit wäre unsere Besprechung für heute beendet. Vielen Dank.
So when shall we meet again?	Wann treffen wir uns wieder?

I look forward to seeing you all at the meeting next Friday.

Ich freue mich darauf, Sie alle nächsten Freitag bei der Besprechung zu sehen.

Just a reminder that the next meeting is taking place next Tuesday. Looking forward to seeing you then.

Nur eine kurze Erinnerung, dass die nächste Sitzung am kommenden Dienstag stattfinden wird. Ich freue mich darauf, Euch dann zu sehen.

I have **fixed**/**arranged** our next meeting for 15 June. Is that OK for you?

Ich habe unsere nächste Besprechung für den 15. Juni **angesetzt**. Ist das allen recht?

Your **attendance** is very important as we will have to decide on the budget. I look forward to seeing you then.

Ihre **Anwesenheit** ist sehr wichtig, denn wir müssen über den Finanzplan entscheiden. Ich freue mich darauf, Sie dann zu sehen.

The next meeting will be in two weeks' time.

Das nächste Treffen findet in zwei Wochen statt.

Same time, same place.

Gleiche Zeit, gleicher Ort.

I think we should schedule our next meeting for Friday next week.

Ich denke wir sollten unsere nächste Besprechung auf Freitag nächster Woche festsetzen.

We should **notify** the **participants** of the next meeting **as soon as possible**.

Wir sollten die **Teilnehmer** der nächsten Sitzung **so schnell wie möglich benachrichtigen**.

Background Information

As soon as possible

»As soon as possible« wird als **asap** abgekürzt und wird auch im gesprochenen Englisch verwendet:
»I'll send it **asap**«.

Talk Talk Talk

You'll get an agenda **as usual**.

Sie erhalten **wie gewöhnlich** die Tagesordnung.

Handouts containing the agenda will be sent out **beforehand** to all participants.	Handouts mit der Tagesordnung werden **vorab** an alle Teilnehmer versandt.
Will all the **staff** be able to come to our **annual general meeting**?	Wird die gesamte **Belegschaft** zu unserer **Jahresvhauptversammlung** kommen können?
Shall we postpone the meeting?	Sollen wir die Sitzung auf später verschieben?
Should we settle on a later date?	Sollen wir die Sitzung zu einem späteren Zeitpunkt abhalten?
Could we go for an earlier date? Maybe Friday?	Können wir uns früher treffen? Vielleicht Freitag?
I hope that we will not have **to cancel** our meeting altogether.	Ich hoffe, dass wir die Sitzung nicht ganz **absagen** müssen.
Once again, I would like to thank Peter for giving up his valuable time so that he could talk to us.	Ich möchte Peter nochmals dafür danken, dass er seine wertvolle Zeit geopfert hat, um zu uns zu sprechen.
I thought we didn't make as much progress in the last meeting as we usually do. Let's hope things will be better the next time we meet.	Ich finde, dass wir bei der letzten Sitzung nicht so viele Fortschritte wie sonst gemacht haben. Lassen Sie uns hoffen, dass es bei unserem nächsten Treffen besser wird.
I think today's meeting has been a big success.	Ich denke, die heutige Besprechung war ein voller Erfolg.
I would like to thank everybody for taking part.	Ich möchte allen Beteiligten danken.
We all must agree that today's meeting has been hard, but very fruitful.	Wir sind uns wohl alle einig, dass die heutige Besprechung anstrengend, aber sehr erfolgreich war.
We've made important and, as I think, good decisions.	Wir haben wichtige und, wie ich denke, gute Entscheidungen getroffen.
Thank you, ladies and gentlemen, for being here today.	Vielen Dank, meine Damen und Herren, dass Sie heute hier waren.
That's all for now, thank you for listening.	Das wär's für heute. Vielen Dank für Ihre Aufmerksamkeit.

I declare this meeting closed.	Ich erkläre die Sitzung für beendet.
And thank you for your participation, folks.	Vielen Dank für eure Aufmerksamkeit.
I was thinking of going for a drink.	Ich hatte vor, noch etwas trinken zu gehen.
The first drinks are on me.	Die erste Runde geht auf mich.

Background Information

Cultural background information

Drinking habits are very different in Britain to those in Germany, particularly in pubs. The British buy »rounds« when drinking in company, meaning each person in the group pays in turn for all the others. Don't try to pay only your own bill – that is regarded very bad behaviour. The practice of buying rounds can, of course, be quite expensive, particularly if you're in a large group.

The word »pub« is short for public house. All pubs sell a wide variety of cold drinks – spirits, wines, beers, and soft (=non-alcoholic) drinks. All pubs sell crisps and peanuts, most pubs also serve bar snacks, such as sandwiches and pies; many pubs also have a proper restaurant. Many pubs have a fruit machine (a coin operated gambling machine), a dartboard and regular live music evenings. Until 1988, pubs in England could open only at lunchtime and in the evenings. Then, they could stay open from 11 am to 11 pm on six days a week. On Sundays pubs were open to 10.30 pm. Since November 2005, pubs can apply for later opening hours. The minimum age for being served alcoholic drinks is 18. Children under fourteen are not normally allowed in a pub unless it has a special children's room or garden.

Negotiations
Verhandlungen

Here we go

Peter Brückner besucht Ed Thompson, einen langjährigen und guten Kunden, in seinem Büro. Sie diskutieren und verhandeln über einen Vertrag zwischen ERGO Ltd. und NETCOUNT. NETCOUNT möchte eine größere Menge an Textverarbeitungssystemen und Kopiermaschinen von ERGO kaufen. Peter hat schon einige Vorverhandlungen geführt und ist nun um einen Vertragsabschluss bemüht.

Talk Talk Talk

Enquiries for prices and discounts

I have seen your advertisement in the Trade Journal »Computer Technology Review« and I'd like to know your prices and terms.

We are a large **retail company** selling PCs throughout Germany and would like your catalogue and a price list.

Please let us know your terms of trade, including quantity discounts, **delivery dates**, and any credit facilities you are prepared to offer on large orders.

Anfragen bezüglich Preisen und Rabatten

Ich habe Ihre Anzeige in der Fachzeitschrift »Computer Technology Review« gesehen und möchte mich nach Ihren Preisen und Bedingungen erkundigen.
Wir sind ein großes **Einzelhandelsunternehmen**, das in ganz Deutschland PCs verkauft. Wir hätten gerne einen Katalog sowie eine Preisliste.
Bitte lassen Sie uns auch Ihre Geschäftsbedingungen zukommen, sowie Informationen zu Mengenrabatten, **Lieferzeiten** und etwaigen Krediten, die Sie bei größeren Bestellungen bereit wären, zu gewähren.

Could you let us have a **firm offer**?	Können Sie uns ein **Festangebot** machen?
We are thinking of buying your products.	Wir beabsichtigen, Ihre Produkte zu kaufen.
Can you **give** me **a quotation**?	Können Sie mir **ein Angebot machen**/**unterbreiten**?
What is your **current list price** for ...	Wie ist der **aktuelle Listenpreis** für ...
I called you last week enquiring about your prices.	Ich habe Sie letzte Woche angerufen, um mich über Ihre Preise zu informieren.
Could you send us your latest price list by e-mail or **snail mail**?	Können Sie mir Ihre letzte Preisliste per E-Mail oder **Schneckenpost** zusenden?
Is last year's **price list** still **valid**?	Ist die **Preisliste** des letzten Jahres noch **gültig**?
Could you tell me something about your policy on discounts with new customers?	Könnten Sie mich über ihre Rabattpolitik bei neuen Kunden informieren?
Could you phone me back tomorrow with information on prices?	Können Sie mich morgen bezüglich Preisinformationen zurückrufen?
Could you tell us if you are able to offer **trade and quantity discounts** on the price for large orders?	Gewähren Sie **Händler- und Mengenrabatte** auf größere Bestellungen?
(Preliminary talk on the phone)	(Vorheriges Telefongespräch)
Ed: Frankly, Peter, you're wasting your time. We've bought our software packages from NETCOUNT for the last 5 years and we've always been very satisfied. If I were you, I'd try some other company.	Ed: Ganz ehrlich, Peter, du verschwendest deine Zeit. Wir kaufen jetzt schon seit 5 Jahren unsere Software von NETCOUNT und sind sehr zufrieden. Ich an deiner Stelle würde es bei einer anderen Firma probieren.
Peter: But what if I offered you a discount of 10%?	Peter: Aber wenn ich dir einen Rabatt von 10% anbieten würde?
Ed: Well, of yourse, I'd be interested.	Ed: Nun, das würde mich interessieren.

But before I agree to anything, I need a lot more details.

Aber bevor ich zu irgendetwas zustimme, brauche ich viel mehr Einzelheiten.

Peter: Should I stop by on Tuesday?
Ed: Yes, Tuesday's fine. Perhaps if you sent me some details on paper beforehand?

Peter: Wie wäre es, wenn ich am Dienstag vorbeikomme?
Ed: Ja, Dienstag passt mir gut. Aber kannst du mir vielleicht vorher noch einige schriftliche Details zukommen lassen?

Peter: Certainly. I'll send you our brochure and a copy of our standard agreement.

Peter: Natürlich. Ich schicke dir unsere Broschüre und eine Kopie unseres Standardvertrages zu.

Making an offer

Preisangebote machen

We appreciate your interest in our new PC and are glad **to submit** the following **quotation**:

Wir freuen uns über Ihr Interesse an unserem neuen PC und **unterbreiten** Ihnen gerne folgendes **Angebot**:

We are pleased to offer **as follows**:
Our prices are/are quoted FOB London, packing (not) included.

Wir bieten Ihnen **wie folgt** an:
Unsere Preise verstehen sich FOB London, einschließlich/ohne Verpackung.

Background Information

FOB means »Free on Board« (Frei an Bord). The seller has to deliver the goods on board the vessel at the named port of shipment. The buyer has to pay for the carriage of the goods from the named port of shipment and bear all risks of loss or damage to the goods.

Talk Talk Talk

The quotation is CIF Rotterdam so the prices include freight and insurance.

Das Angebot ist CIF Rotterdam, d. h. die Preise beinhalten Versicherung und Fracht.

Background Information

CIF means »Cost, Insurance, Freight« (Kosten, Versicherung und Fracht). The seller has to pay for marine insurance against the buyer's risk of loss or damage and for the carriage of the goods and deliver them on board the vessel at the named port of destination.

Talk Talk Talk

This offer is firm to immediate acceptance, otherwise without engagement.	Dieses Angebot ist fest bei sofortiger Annahme, ansonsten freibleibend.
We offer you firm until the end of the year.	Unser Angebot ist gültig bis Ende des Jahres.
Our offer is firm subject to acceptance by ...	Unser Angebot ist fest bei Annahme bis ...
The offer is firm for 14 days.	Dieses Angebot ist 14 Tage gültig.
As we cannot leave our offer open for more than ... days, please send us your acceptance in writing.	Da wir unser Angebot nicht länger als ... Tage offenhalten können, bitten wir um schriftliche Bestätigung.
The offer is without engagement/ subject to confirmation.	Dieses Angebot ist freibleibend.
The prices are **subject to change**.	Die Preise sind **unverbindlich**.
This offer is **subject to availability**.	Das Angebot gilt **nur solange der Vorrat reicht**.
This offer is subject to prices at time of despatch.	Die Berechnung erfolgt aufgrund der zurzeit des Versands gültigen Preise.
Prices are subject to **market fluctuations**.	Durch **Marktschwankungen** bedingte Preisänderungen behalten wir uns vor.
Sorry, the **offer** is not **firm**.	Leider ist das **Angebot** nicht **verbindlich**.

Prices are likely to go up soon.

Die Preise werden wahrscheinlich demnächst steigen.

We hope that we've made you a favourable offer and look forward to hearing from you soon.

Wir hoffen, dass wir Ihnen ein günstiges Angebot gemacht haben und freuen uns darauf, wieder von Ihnen zu hören.

Please let us know/Please advise whether this offer is of interest to you.

Bitte lassen Sie uns wissen, ob dieses Angebot interessant für Sie ist.

We can offer you a special discount if you order before the end of the month.

Wir können Ihnen einen Sonderrabatt anbieten, wenn Sie bis Monatsende bestellen.

We are willing to allow a 5% reduction in price on all orders over/exceeding 50 PCs.

Wir sind bereit, einen 5%igen Preisnachlass auf alle Bestellungen von mehr als 50 PCs zu gewähren.

A **cash discount** of 2% is allowed for settlement within one month.

Bei Zahlung innerhalb eines Monats gewähren wir 2% **Skonto**.

The quantity discounts indicated in our price list vary according to the size of the order.

Die in unserer Preisliste genannten Mengenrabatte hängen von der Größe der Bestellung ab.

We grant a trade discount of 25% on our list prices.

Wir gewähren einen Händlerrabatt in Höhe von 25% auf unsere Listenpreise.

Our **catalogue prices** are subject to a special discount of 5%.

Wir gewähren einen Sonderrabatt von 5% auf unsere **Katalogpreise**.

If your order is received before 15 March, we shall grant you an **early order discount** of 4%.

Wenn Ihr Auftrag vor dem 15.3. eingeht, gewähren wir Ihnen einen **Frühdispositionsrabatt** in Höhe von 4%.

We give a better discount on a **repeat order.**

Wir geben einen höheren Rabatt bei einer **Folgebestellung**.

As this is a repeat order, we could allow you a longer credit period.

Da es sich um eine Folgebestellung handelt, gewähren wir einen längeren Zahlungszeitraum.

We hope that our favourable prices will induce you to place an order.

Wir hoffen, dass unsere günstigen Preise Sie veranlassen werden, uns einen Auftrag zu erteilen.

Negotiating a price	Einen Preis aushandeln
Can you **give** us a higher **discount**?	Können Sie uns einen höheren **Rabatt geben**?
What discount could you offer on an order for ...?	Wieviel Rabatt geben Sie bei einer Bestellung von ...?
Couldn't you manage to allow me a better discount for this large quantity?	Könnten Sie mir nicht einen höheren Rabatt für diese große Menge geben?
Are these your most favourable prices?	Sind dies Ihre günstigsten Preise?
Yes, if your order is over € 8,000 we can go along with the special discount terms.	Ja, wenn Sie für mehr als 8.000 € bestellen, können wir Ihnen einen Sonderrabatt gewähren.
If we order 1,000 PCs will you include **free delivery**?	Wenn wir 1.000 Stück bestellen, liefern Sie dann **frei Haus**?
Yes, we could agree to that.	Ja, dem würden wir zustimmen.
If we paid in advance, would you increase our discount?	Wenn wir im Voraus bezahlen, würden Sie dann unseren Rabatt erhöhen?
I'm afraid that wouldn't be possible.	Leider ist das nicht möglich.
I'm afraid I'm not satisfied with such a low discount.	Ich bin mit einem solch geringen Rabatt leider nicht zufrieden.
In response to your request for a 20% **trade discount**, we regret that we cannot offer more than 15%. However, we do give a 5% **quantity discount** on orders over € 5,000. We are sure you will agree that these terms are highly competitive.	Bezüglich Ihrer Anfrage wegen eines **Händlerrabatts** in Höhe von 20% müssen wir Ihnen leider mitteilen, dass wir Ihnen nicht mehr als 15% anbieten können. Wir gewähren jedoch 5 % **Mengenrabatt** auf Bestellungen über 5.000 €. Sicherlich werden Sie uns zustimmen, dass diese Bedingungen sehr konkurrenzfähig sind.
We are willing to consider substantial discount on orders over € 100,000.	Wir sind bereit, einen größeren Rabatt auf Bestellungen über 100.000 € zu gewähren.

You will see from the price list that we take care of all **freight and insurance costs**, so the prices are quoted on a CIF basis.	Wie Sie der Preisliste entnehmen können, übernehmen wir sämtliche **Fracht- und Versicherungskosten**, so dass sich die Preise auf CIF-Basis verstehen.
We are favourably impressed by the quality of your products, but feel that your prices are rather high.	Wir sind sehr von der Qualität Ihrer Produkte beeindruckt, aber wir glauben, dass Ihre Preise ziemlich hoch sind.
I can **keep the price** at the same level if you can increase the size of your order.	Ich kann **den Preis halten**, wenn Sie einen größeren Auftrag erteilen.
If you increase the price, we'll decrease the size of the order.	Wenn Sie Ihren Preis erhöhen, dann werden wir weniger bestellen.
If prices fall, I will let you know.	Falls die Preise fallen, werde ich Sie informieren.
I would like to mention a couple of things here, Ed ...	Ich möchte an dieser Stelle einige Dinge anmerken, Ed ...
And what about the question/problem of delivery?	Und wie verhält es sich mit der Frage der Lieferung?
Look, what I wanted to talk to you about was that we weren't too happy about the **rising prices**.	Hören Sie, was ich Ihnen sagen wollte, ist, dass wir nicht allzu glücklich über die **Preiserhöhung** waren.
I've got to tell you straight, that the prices are rather high. The prices quoted by other suppliers are, **on average**, 10% lower. However given/in view of the high quality of your PCs, we are quite prepared to do business with you if you re-examine your prices. If you reduce your prices by 5%, we shall place an order for some 50 PCs. We trust that in view of the size of the order you will see your way to making this concession.	Ich muss Ihnen klipp und klar sagen, dass die Preise ziemlich hoch sind. Die Preise bei anderen Lieferanten liegen **durchschnittlich** um 10% niedriger. Doch angesichts der hohen Qualität Ihrer PCs wären wir bereit, mit Ihnen Geschäfte zu machen, falls Sie Ihre Preise überdenken. Wenn Sie ihre Preise um 5% senken, werden wir etwa 50 PCs bei Ihnen bestellen. Angesichts der Größe der Bestellung hoffen wir, dass Sie bereit sind, dieses Zugeständnis zu machen.

Peter: Well, how about if I make you an offer of 100 PCs at £ 1,500 each?
Ed: Mm. Well, I think you should take into consideration the fact that we would be willing to buy so many.
Peter: Are you saying that you would like some kind of discount?
Ed: Well, what I'm saying is that if we were to buy say ten PCs, then I think £ 1,500 would be reasonable. But we're interested in 100, so I really do feel we should negotiate the price, don't you?
Peter: I agree with you in principle but I am only allowed to offer a **price reduction** under special circumstances.
Ed: Let me assure you straight away on that point. If we are satisfied with the first 100 PCs you can be sure that we will order more in the future.
Peter: Oh, really?
Ed: Because of the size of the order and the possibility of future orders I would propose that you give us 10% discount on the deal. I think that sounds reasonable.

Peter: I can't really say I share your view. I honestly don't think we could offer you that much discount. Our **unit price** is already the best in the market.

Peter: Nun, wie wär's, wenn ich dir ein Angebot über 100 PCs zu 1.500 £ mache?
Ed: Nun, ich denke, du solltest bedenken, dass wir bereit sind, so viele PCs zu kaufen.

Peter: Heißt das, dass du einen Rabatt möchtest?
Ed: Was ich sagen will, ist, dass wenn wir 10 PCs kaufen würden, dann denke ich wären 1.500 £ annehmbar. Wir sind jedoch an 100 PCs interessiert, weshalb wir über den Preis reden müssen, meinst du nicht auch?
Peter: Grundsätzlich stimme ich dir zu, aber ich bin nur unter besonderen Umständen berechtigt, einen **Preisnachlass** zu gewähren.
Ed: Lass mich gleich sagen, dass … wenn wir mit den ersten 100 PCs zufrieden sind, werden wir noch mehr bestellen.

Peter: Oh, wirklich?
Ed: Angesichts der Größenordnung der Bestellung und der Aussicht auf weitere Bestellungen, schlage ich vor, dass du uns einen Rabatt von 10% gibst. Ich denke, dies hört sich recht vernünftig an.
Peter: Ich teile deine Meinung nicht. Ehrlich gesagt, glaube ich nicht, dass wir einen solch hohen Rabatt gewähren können. Unser **Stückpreis** ist bereits der günstigste auf dem Markt.

Ed: Yes, I take your point, but potentially we could be very good clients.
Peter: Yes, I realize that. Ordinarily, I am allowed to offer a client up to 5% discount but in your case I think we could offer you, say 7%. Would that be of interest to you?

Ed: Well, to be perfectly honest, I really do have to insist on 10% in view of the nature of the deal.
Peter: I think neither of us should feel that the other party is inflexible.
So how about if we agree on 8%?

We are prepared to give you an 8% **reduction** provided that you agree to all the other terms we've discussed. Is that acceptable as a compromise solution?
Ed: Yes, I think that would be perfectly acceptable. I'm sure my boss would fully agree to that offer.
Peter: Great. Well, if I could just summarize the discussion so far. You're taking 100 PCs at a reduced price of … let me see (calculates) 8% of £ 150,000. That's 12,000.
Leaving £ 138,000 £ to be paid.

Ed: Yes. That's it. Agreed.
Now I suppose we had better look at the delivery times …

Ed: Ja, ich gebe dir da Recht, aber wir sind potentiell sehr gute Kunden.
Peter: Ja, das ist mir schon klar. Normalerweise darf ich einem Kunden bis zu 5% Rabatt gewähren, aber in deinem Fall denke ich, dass ich dir, na sagen wir 7% anbieten kann. Würde das deinen Vorstellungen entsprechen?
Ed: Nun, um ganz ehrlich zu sein, muss ich angesichts der Größe der Bestellung auf den 10% bestehen.
Peter: Ich denke, wir sollten nicht den Eindruck erwecken, beide Seiten seien unnachgiebig.
Können wir uns also auf 8% einigen?
Wir gewähren euch einen **Nachlass** von 8%, vorausgesetzt, ihr stimmt den bisher besprochenen Bedingungen zu. Ist dieser Kompromiss akzeptabel?
Ed: Ja, ich denke das wäre vollkommen akzeptabel. Mein Chef wäre damit sicher auch einverstanden.
Peter: Großartig. Lass mich kurz die Ergebnisse zusammenfassen. Du kaufst 100 PCs zu einem reduzierten Preis von ..., lass mich sehen … (rechnet) 8% von 150.000 £. Das sind 12.000.
Bleiben noch 138.000 £, die zu zahlen wären.
Ed: Ja. Das stimmt. Abgemacht.
Ich denke, wir wenden uns nun als nächstes den Lieferzeiten zu …

Playing for time	Zeit gewinnen
Well, maybe, er ... it really depends on the price/whether you grant us a trade discount or not.	Nun, also dies hängt wirklich alles von dem Preis ab/davon ab, ob Sie bereit sind, uns einen Händlerrabatt zu gewähren oder nicht.
I'll think about that, Ed.	Ich werde darüber nachdenken, Ed.
I'll look into that Ed.	Ich werde das überprüfen, Ed.
Can I get back to you on that one?	Kann ich mich diesbezüglich wieder bei dir melden?
We are not quite ready to place an order yet, but you'll be hearing from us soon.	Wir sind noch nicht ganz bereit, zu bestellen, aber Sie werden bald von uns hören.
All right, I think we'll be able to order on those terms, but I'll need to check with my **boss** first.	Nun, ich denke, wir werden zu diesen Bedingungen bestellen können, aber ich muss zunächst mit meinem **Chef** Rücksprache halten.
I'm afraid I've been so busy recently that I've not got round to thinking about your offer yet.	Leider hatte ich in letzter Zeit so viel zu tun, dass ich noch nicht dazu gekommen bin, ausreichend über Ihr Angebot nachzudenken.
Let me talk the deal over with my boss and get back to you.	Lassen Sie mich mit meinem Chef reden, dann melde ich mich wieder.
I'll have to discuss the deal with my boss before I agree to anything. He's away on business today, so I'll have to get back to you.	Ich muss das Geschäft mit meinem Chef besprechen, bevor ich zustimme. Er ist geschäftlich unterwegs, also werde ich mich bei Ihnen wieder melden.
No, I can't tell you what the discount is until I know how many you'd like to order.	Ich kann Ihnen erst die Höhe des Rabatts nennen, wenn ich weiß, wieviel Sie bestellen möchten.
After discussing the terms of your offer, I regret to say our board has decided to delay its decision.	Ich bedauere, Ihnen mitteilen zu müssen, dass unser Vorstand nach Prüfung Ihres Angebots eine Entscheidung verschoben hat.

Justifying the price

Preise rechtfertigen

These prices are very **competitive**. We price our products very competitively.

Unsere Preise sind überaus **konkurrenz-**/**wettbewerbsfähig**.

These are our lowest prices./ The prices are our lowest.
Our prices are very low.
That's not much more than the price you paid last year. Prices have only gone up a little.
I can't improve the price. It's **the bottom line**.

Dies sind unsere niedrigsten/ günstigsten Preise.
Unsere Preise sind sehr niedrig.
Das ist kaum mehr als der Vorjahrespreis. Die Preise sind nur geringfügig gestiegen.
Ich kann Ihnen keinen besseren Preis anbieten. Dies ist **die unterste Grenze**.

There's a very **heavy demand** for our computers this year.

Es besteht eine **große Nachfrage** nach unseren Computern dieses Jahr.

Those are the best terms we can offer, I'm afraid, Ed. Have you checked with our competitors? I'm sure you'll find our prices **can't be beaten**.

Wir können leider keine besseren Bedingungen anbieten, Ed. Hast du einen Vergleich mit unseren Konkurrenten angestellt? Ich bin mir sicher, du wirst feststellen, dass unsere Preise **nicht unterboten werden können**.

If you look elsewhere you'll be hit with a bigger bill – believe me.

Wenn du dich bei der Konkurrenz umschaust, wirst du mit einer noch größeren Rechnung konfrontiert werden – glaub mir.

What I'm trying to say is that you're miles better off staying with us.

Was ich sagen will ist, dass ihr bei weitem besser dran sein werdet, wenn ihr bei uns bleibt.

This is no doubt a good deal, an exception, in fact, when you consider the good quality of our products/service we offer.

Das ist ohne Zweifel ein gutes Geschäft, in der Tat eine Ausnahme, wenn man die gute Qualität unserer Produkte/unseres Service berücksichtigt.

You won't find a better offer anywhere else.
ERGO word processors meet the highest standards of quality and durability.
I am instructed to tell you this is a very exceptional offer and due to ...

Du wirst nirgendwo sonst ein so günstiges Angebot finden.
ERGO-Textverarbeitungssysteme erfüllen die höchsten Ansprüche was Qualität und Haltbarkeit betrifft.
Ich bin angewiesen/autorisiert, Ihnen zu sagen, dass dies ein außergewöhnliches Angebot ist und zurückzuführen auf ...

Our prices are **without competition**/undoubtedly the cheapest.
As you know, we are only complying with **standard practice**.
I'm afraid we have no other choice but to increase our prices.

Unsere Preise sind **konkurrenzlos**/zweifelsohne die günstigsten.
Wie Sie wissen, halten wir uns nur an die **handelsübliche Praxis**.
Leider bleibt uns nichts anderes übrig, als unsere Preise zu erhöhen.

The weak exchange rate makes it impossible for us to reduce our prices any further.
Unfortunately the increasing costs of raw materials force us to adjust our prices accordingly.

Der schlechte Wechselkurs lässt nicht zu, dass wir unsere Preise weiter reduzieren.
Leider zwingen uns die zunehmenden Kosten für Rohstoffe, unsere Preise entsprechend anzupassen.

Welcoming/small talk

Höflichkeitsaustausch

(At the customer's)
Ed: Hello, Peter. Nice to see you again.
Do come in.
Have a seat, please.
Please take a seat and make yourself comfortable. Now what can I offer you, tea or coffee?

(Beim Kunden)
Ed: Hallo Peter. Schön, dich wiederzusehen.
Bitte tritt ein.
Bitte nimm Platz.
Nimm bitte Platz und mache es dir bequem. Was kann ich dir anbieten – Tee oder Kaffee?

Peter: Tea, please.
Ed: How are you?
How's life? How are things?
How's business?

Peter: Tee bitte.
Ed: Wie geht es dir?
Wie steht's?
Wie läuft das Geschäft?

So, how's business up north?	Wie laufen die Geschäfte im Norden?
Peter: Pretty good. What about you?	Peter: Ganz gut. Und wie geht es dir?
Not too bad./Not so bad, and you?	Nicht schlecht. Und selber?
Ed: Could be better.	Ed: Könnte besser sein.
Peter: What's up?	Peter: Warum? Was ist los?
Ed: Too much work, too much pressure.	Ed: Zu viel Arbeit, zu viel Stress.
Well, busy, you know.	Nun, ich habe ziemlich viel zu tun.
Things are a lot better than they were last year, that's for sure.	Die Situation ist wesentlich besser als letztes Jahr – das steht fest.
We've been quite busy this year.	Wir hatten in diesem Jahr viel zu tun.
Well, the market has become **very competitive**.	Nun, auf dem Markt macht sich eine **starke Konkurrenz** bemerkbar.
It's not easy. **The market is slow**.	Es ist im Moment nicht einfach. **Die Auftragslage ist schlecht**.
It's very up and down.	Ziemlich wechselhaft.
Peter: Oh, really? We're getting some very good results in London and other areas in the South.	Peter: Oh, wirklich? Wir haben einige sehr gute Ergebnisse für die Londoner Gegend und einige andere Gebiete im Süden erzielt.
Ed: I know, but the situation in the north of England is not the same.	Ed: Ich weiß, aber die Situation im Norden Englands ist nicht die gleiche.
Peter: Sure. Right. Um ... let's go through our offer then, shall we?	Peter: Das stimmt. ... Hmh, ... lass uns das Angebot durchsprechen.
Let's get down to business.	Lass uns zum Geschäft kommen.
It has been a pleasure/great working with you over the last few years.	Die Zusammenarbeit mit dir in den letzten Jahren war ein Vergnügen/großartig.
I have great pleasure in welcoming you to NETCOUNT, Peter.	Ich freue mich sehr, dich bei NETCOUNT willkommen zu heißen, Peter.
Do you remember our meeting at the Hanover Fair in September?	Erinnern Sie sich an unser Treffen auf der Hannover Messe im September?

Did you have any trouble finding us?	Haben Sie uns leicht gefunden?
Have you been waiting long?	Haben Sie lange gewartet?
Sorry to keep you waiting.	Es tut mir Leid, dass Sie warten mussten.
No problem. I was a little early.	Das macht nichts. Ich war zu früh.
How are you?	Wie geht es Ihnen/dir?
Have you had time to think about my offer?	Hatten Sie/Hattest du Gelegenheit, über mein Angebot nachzudenken?

Advertising company strengths	**Pluspunkte der Firma nennen**
We produce high quality products.	Wir produzieren hochwertige Produkte.
We use the most **advanced technology**.	Wir benutzen die **fortschrittlichste Technologie**.
We are in close contact with the market.	Wir arbeiten nahe an den Bedürfnissen des Marktes.
We manufacture a wide range of products.	Wir stellen eine breite Produktpalette her.
We invest a lot of money in research and development.	Wir investieren sehr viel in Forschung und Entwicklung.
We have sales representatives all over the world/country.	Wir haben auf der ganzen Welt/im ganzen Land Verkaufsstellen.
We are **market leaders**.	Wir sind marktführend/**Marktführer**.

Customer's advantages	**Kundenvorteile ansprechen**
You don't want to be stuck with outdated technology, do you?	Sie wollen doch wohl kaum veraltete Technologie benutzen, oder?
If you are interested in a higher quality product at the same price, our new PCs are **just the thing**/**just right**.	Sind Sie an einem hochwertigen Produkt zum gleichen Preis interessiert, dann sind unsere neuen PCs **genau das Richtige** für Sie.
Our accounts software packages are the most **user-friendly** on the	Unsere Buchhaltungs-Softwarepakete sind die **benutzerfreund-**

market, relatively easy to install, requiring much less training than our competitors' packages and representing better value for money.

lichsten, die derzeit auf dem Markt sind, relativ einfach zu installieren und verlangen von den Anwendern weniger Einarbeitung als die Softwarepakete unserer Konkurrenz und bieten daher mehr fürs Geld.

So, all in all we've got an excellent product at a competitive price.

Alles in allem haben wir ein ausgezeichnetes Produkt zu einem konkurrenzfähigen Preis.

Another advantage is our excellent **after-sales service**. Our after-sales team is perceived as faster, more qualified, friendlier and generally more efficient than our competitors'.

Ein weiterer Vorteil ist unser hervorragender **Kundenservice**. Unser Serviceteam ist schneller, qualifizierter, freundlicher und generell effizienter als das unserer Konkurrenz.

As prices are expected to rise, we would advise you to take advantage of this favourable offer – **while stocks last**.

Da ein Anziehen der Preise erwartet wird, möchten wir Ihnen raten, von diesem günstigen Angebot Gebrauch zu machen – **solange der Vorrat reicht**.

Demand is building up quite fast.

Die Nachfrage wächst ziemlich schnell.

Owing to the **heavy demand** for these articles we would ask you to order without delay.

Aufgrund **großer Nachfrage** für diese Artikel raten wir Ihnen, umgehend zu bestellen.

The new PCs will **meet**/**find** your customers' **approval**.

Die neuen PCs werden Ihren Kunden **zusagen**/**gefallen**.

You won't have any trouble selling our software products to your customers.

Sie werden keine Probleme haben, unsere Software an Ihre Kunden zu verkaufen.

The new software should **sell well**/**readily** in this market.

Die neue Software dürfte sich auf dem hiesigen Markt **gut verkaufen lassen**.

Our new printers should **find**/**meet with a ready market**.

Unsere neuen Drucker dürften **guten Absatz finden**.

This is a **special offer**. It is only valid until ...

Das ist ein **Sonderangebot**. Es gilt nur bis ...

Take advantage of our **introductory offer**.

Nutzen Sie unser **Einführungsangebot**.

Sounding out the customer

Das Kundeninteresse ausloten

Ed: I'm sorry Peter, you are wasting your time. We are quite satisfied with our present **supplier** of customised software products.
Peter: I see. But you agree it is a good idea to make comparisons from time to time, don't you?

Ed: Well, yes.
Peter: And you'd be interested in software products that offered savings of up to 20%, wouldn't you?

Ed: Yes, of course.
Peter: And you're going to need software products that are user-friendly, aren't you?
Ed: Certainly.
Peter: So if I could offer you user-friendly high quality software products for less than you pay for your present customised software products, you wouldn't turn down the chance to try them out at a special **introductory offer**, would you?

Ed: No, of course not. You're absolutely right. What exactly are you proposing, Peter?
Peter: Well, ...
Ed: This sounds good to me.

Ed: Es tut mir Leid, Peter, aber wir sind mit unserem derzeitigen **Lieferanten** von Spezial-Software zufrieden.
Peter: Ich verstehe. Aber du wirst wohl zustimmen, dass es von Vorteil ist, von Zeit zu Zeit Vergleiche anzustellen, oder?
Ed: Nun, sicherlich.
Peter: Und du wärst auch an Softwareprodukten interessiert, bei denen du bis zu 20% sparen würdest, nicht wahr?
Ed: Ja, natürlich.
Peter: Und du brauchst Softwareprodukte, die anwenderfreundlich sind, nicht wahr?
Ed: Gewiss.
Peter: Wenn ich dir also eine hochwertige und anwenderfreundliche Software für einen günstigeren Preis anbiete als den, den du derzeit für deine speziell angefertigte Software zahlst, würdest du doch wohl die Chance nicht ungenutzt lassen und die Produkte zu einem besonderen **Einführungsangebot** testen?
Ed: Nein, natürlich nicht. Du hast natürlich Recht. Was genau schlägst du uns vor, Peter?
Peter: Also, ...
Ed: Das klingt gut.

Product presentation

Let me demonstrate the new printer.

If you decide to buy one – and we're pretty sure you will – and you order before 30 September, we can grant you a 10% discount.

Let me give you an opportunity to see for yourself the high quality of our products.

I'd like to pass round this **sample** and ask you to test the quality of our material.

I have brought you all samples so you can convince yourself of the high quality of our products.

I can give you a **catalogue** for further information on our products.

Here's some **descriptive literature** giving you an outline of the complete range of our products.

Ein Produkt präsentieren

Erlauben Sie mir, dass ich Ihnen nun unseren neuen Drucker vorführe.

Wenn Sie sich entschließen sollten, ihn zu kaufen – und wir sind uns sicher, Sie werden es – garantieren wir Ihnen einen Rabatt von 10%, falls Sie noch vor dem 30.9. bestellen.

Ich möchte Ihnen die Möglichkeit geben, sich selbst von der hohen Qualität unserer Produkte zu überzeugen.

Ich lasse dieses **Muster** herumgehen und bitte Sie, sich von der Qualität des Materials zu überzeugen.

Ich habe Ihnen alle Muster mitgebracht, so dass Sie sich von der hohen Qualität unserer Produkte überzeugen können.

Ich kann Ihnen einen **Katalog** geben für weitere Informationen über unsere Produkte.

Hier ist **Anschauungsmaterial**, das Ihnen einen Überblick über unsere gesamte Produktpalette gibt.

Suggesting a compromise

Is that acceptable as a compromise solution?
I'm sure that we can **agree on a price**.
We are more than ready to compromise as long as …

Einen Kompromiss vorschlagen

Ist dieser Kompromissvorschlag akzeptabel?
Ich bin sicher, dass wir uns **preislich einigen** können.
Wir sind sehr kompromissbereit, solange Sie …

I think we both realise it is in our common interest to find a compromise.

Ich denke, wir beide wissen, dass es in unserem gemeinsamen Interesse liegt, einen Kompromiss zu finden.

Look. We must find a compromise.

Hören Sie, wir müssen einen Kompromiss erzielen.

I'll talk to my boss, but I'm sure I'll be able to reach a mutually satisfactory compromise.

Ich werde mit meinem Chef sprechen, aber ich bin mir sicher, wir werden einen zufrieden stellenden Kompromiss erzielen.

I feel quite confident that we can solve this matter.

Ich bin mir ziemlich sicher, dass wir dieses Problem lösen werden.

Well, how about this for an idea?

Was halten Sie davon?

I'll be quite frank with you: this is a deal we are indeed interested in and it should be the case for you too.

Ich möchte ganz ehrlich mit Ihnen sein: Wir sind an diesem Geschäft wirklich interessiert und ich denke, Sie sollten dies ebenfalls sein.

As you are no doubt aware, this is the best offer we can make you.

Wie Sie zweifelsohne wissen, ist das das beste Angebot, das wir Ihnen unterbreiten können.

How about this? You accept my offer and we can work something out when you **are greenlighted** by **head office**.

Wie wäre es damit? Sie akzeptieren mein Angebot und wenn Sie **grünes Licht** von Ihrer **Zentrale bekommen**, arbeiten wir den Vertrag aus.

We wish to come to a **fair arrangement**.

Wir möchten zu einer **fairen Übereinkunft** kommen.

Look, to meet you half-way (on this), I think we could agree to your conditions.

Wir sind bereit, Ihnen auf halbem Wege entgegenzukommen und Ihren Bedingungen zuzustimmen.

In a spirit of compromise, we would be willing/prepared to accept your offer.

Wir sind kompromissbereit und würden Ihr Angebot annehmen.

Adding a condition

Bedingungen stellen

We are prepared to ..., on condition that ...

Wir sind bereit ..., unter der Bedingung/Voraussetzung, dass ...

I think we could ..., provided that ...	Ich denke, wir könnten ..., vorausgesetzt, dass/gesetzt den Fall, dass ...
We are ready to ..., **on the understanding** that ...	Wir sind bereit ..., **unter der Voraussetzung**, dass ...
We are willing to ..., **with the proviso that** ...	Wir sind bereit ..., **unter der Bedingung**, dass ...
We are more than ready to ..., as long as ...	Wir sind gerne bereit, Ihr Angebot anzunehmen, solange ...
I believe we can ..., if ...	Ich glaube wir können ..., wenn ...
Would you be prepared to ..., on condition that ...?	Wären Sie bereit, ... unter der Bedingung, dass ...
Are you prepared to ..., on condition that ...?	Sind Sie bereit ..., unter der Bedingung, dass ...?
We would be prepared to deliver these items, **on condition that** you gave us two more weeks.	Wir wären bereit, diese Waren zu liefern, **unter der Bedingung, dass** Sie uns zwei weitere Wochen geben.
If we agree, it will be conditional on ...	Unsere Zustimmung hängt davon ab, ob ...
If we agreed, it would be conditional on ...	Sollten wir zustimmen, hinge dies davon ab, ...

Background Information

Grammar note: Use of if-clauses in negotiations

Success in international negotiations depends on bargaining, with proposals and counter-proposals which are very often expressed in English by the conditional. It is important to master such conditional sentences so that you send the correct message to your business partner. There are three basic forms of conditional sentences in English which cover most situations. 1) When you want to make a proposal that is likely or possible you say: »If you **give** us a 5% discount, then we **will sign** the contract«. This is the most common form of the conditional and is used to signal to your business partner that you think agreement is near and likely. However, when you want to make a proposal that is less probable you use the past tense in the if-clause and *would* in the main clause and the offer becomes more tentative: »If you **gave** us 5% discount, then we **would sign** the contract«. You suggest to your partner that you think s/he is more reluctant to accept this offer or that you are offering a counter-proposal to an offer you find not acceptable. And finally: »If you **had given** us a 5% discount then we **would have signed** the contract« is used after the negotiation to show what might have happened.

Talk Talk Talk

Our agreement **is conditional on** …	Unsere Zustimmung **hängt davon ab**, ob …
If we agreed, we hope you would reciprocate by …	Sollten wir zustimmen, hoffen wir, Sie würden uns entgegenkommen, indem …
If you would be prepared to …, then we could ….	Wenn Sie bereit wären …, dann könnten wir …
We see no objection whatsoever, **provided that** …	Wir hätten keine Einwände, **vorausgesetzt**, **dass** …
We'd be rather reluctant to …, unless …	Wir würden nur ungern …, es sei denn …
I don't think we could …, unless …	Ich glaube nicht, dass wir … könnten, es sei denn …
We wouldn't be prepared to …, unless …	Wir wären nicht bereit, zu …, es sei denn …
We have certain reservations about …, and unless …	Wir haben gewisse Bedenken in Bezug auf … und falls Sie nicht …
Only if you …, would we prepared to …	Nur wenn Sie …, dann wären wir bereit …
I'm afraid that I can't hold that price. I'll need your signature on that draft today.	Ich fürchte, ich kann den Preis nicht halten. Ich brauche Ihre Unterschrift auf dem Entwurf noch heute.
Provided we receive the necessary documents within a fortnight we	Vorausgesetzt, dass wir die notwendigen Dokumente innerhalb

shall process your order. | von 14 Tagen erhalten, werden wir Ihre Bestellung bearbeiten.

Unless you open a **letter of credit** we cannot accept your order. | Falls Sie nicht ein **Akkreditiv** eröffnen, können wir Ihre Bestellung nicht akzeptieren/bearbeiten.

Unless the consignment arrives by the end of next week, we'll have to cancel the order. | Falls die Lieferung uns nicht bis Ende der Woche erreicht, müssen wir den Auftrag stornieren.

Unless we have absolute assurance that you guarantee promptness of all future deliveries, we will have to look for another supplier. | Wenn Sie uns nicht die unverzügliche Lieferung zukünftiger Waren garantieren, müssen wir uns nach einem anderen Lieferanten umsehen.

If this transaction is successful, we'll place further orders with you. | Wenn diese geschäftliche Transaktion erfolgreich verläuft, werden wir auch in Zukunft bei Ihnen bestellen.

Accepting a compromise | **Einen Kompromiss annehmen**

I think that would be perfectly acceptable. | Ich denke, dass ist völlig akzeptabel.

We would have no objections to that. | Wir hätten keine Einwände.

I think we could agree to this proposal. | Ich denke, wir können diesem Vorschlag zustimmen.

That seems to be a **reasonable compromise**. | Das scheint mir ein **vernünftiger Kompromiss** zu sein.

We are more than ready to accept this solution. | Wir sind überaus bereit, diesen Lösungsvorschlag anzunehmen.

I'll have to refer to my head office on that point, but I'm optimistic about their answer. | Ich muss die Sache an unsere Zentrale weiterleiten, aber ich bin ganz optimistisch, was deren Entscheidung betrifft.

I should be able to get their approval in view of the size of the order. | Angesichts der Größenordnung der Bestellung werde ich wohl deren Zustimmung erhalten.

I have a very open mind on this matter.
To meet you halfway on this, I think we could agree to your condition.

Rejecting a compromise

You put us in a difficult position.

We are not entirely convinced that this is a **viable solution** to the problem.
Although we want to avoid a **deadlock** as much as you do, we find your offer unacceptable.

You leave us with little alternative but **to reject** your **offer**.
We should very reluctantly have to look elsewhere.
In which case, we would be virtually obliged **to go over to the competition**.
I don't think we can go along with your offer.
You appreciate this is the utmost we can do to meet you half-way.

I understand, but unfortunately there's nothing I can do.

We'd really like **to do business with** you, but for that price we may have to look elsewhere.

Ich bin in dieser Angelegenheit ganz offen.
Wir kommen Ihnen auf halbem Wege entgegen und akzeptieren Ihren Kompromissvorschlag.

Einen Kompromiss ablehnen

Sie bringen uns in eine schwierige Lage.
Wir sind nicht ganz davon überzeugt, dass dies eine **brauchbare Lösung** des Problems ist.
Obwohl wir ebenso wie Sie vermeiden wollen, dass die Verhandlungen in eine **Sackgasse** geraten, halten wir Ihr Angebot für nicht akzeptabel.
Es bleibt uns nichts anderes übrig, als Ihr **Angebot abzulehnen**.
Wir werden uns nur sehr ungerne anderswo umsehen müssen.
In diesem Falle sehen wir uns leider gezwungen, **zur Konkurrenz** zu **gehen**.
Ich glaube nicht, dass wir Ihr Angebot annehmen können.
Sie werden zugeben müssen, dass dies das Äußerste ist, das wir tun können, um Ihnen auf halbem Wege entgegenzukommen.
Ich verstehe Ihren Standpunkt, aber leider kann ich nicht mehr machen.
Wir würden sehr gerne mit Ihnen ins Geschäft kommen, aber bei dem Preis müssen wir uns anderswo umsehen.

Background Information

Grammar Note: Make and Do

Make is used for construction and creation, and for goods that are manufactured:

Made in Germany.

Did you make this table yourself?

Do is used for a general activity:

I don't want to do any work today.

What do you do (= What is your job?).

Compare:

Do business (We don't really create anything. We just »do« an activity.)

Make money (We create wealth).

Talk Talk Talk

I had hoped we could have developed a more mutual long-term relationship, but given the inflexibility you have shown so far, I'm not sure I want to continue doing business with you again.

Ich hatte gehofft, wir hätten eine langfristige Geschäftsbeziehung aufbauen können, aber angesichts Ihrer bisherigen Unbeugsamkeit, bin ich mir nicht einmal mehr sicher, ob ich mit Ihnen überhaupt weiterhin zusammenarbeiten möchte.

Having thought about your offer, I'm afraid we have to say no.

Nachdem wir über Ihr Angebot nachgedacht haben, müssen wir es leider ablehnen.

Placing an order

Einen Auftrag erteilen

Thank you for your recent visit to ERGO Ltd. and the demonstration of your new PC, which you kindly arranged with your **representative** in London.

Vielen Dank für Ihren letzten Besuch bei ERGO Ltd. und der Vorführung Ihres neuen PCs, was in Zusammenarbeit mit ihrem **Vertreter** in London erfolgte.

On the basis of your **quotation** dated 22 March, the results of your demonstration and your assurance that the PC will meet our specifications, our Board has decided to buy the PC. I am therefore pleased to enclose **Order No** ..., which includes prices and terms mutually agreed upon.	Aufgrund Ihres **Angebots** vom 22. März, den Ergebnissen Ihrer Demonstration sowie Ihrer Zusage, dass der PC unseren Ansprüchen entsprechen wird, hat unser Vorstand beschlossen, den PC zu kaufen. Anbei finden Sie daher unsere **Bestell-Nr.** ... sowie die vereinbarten Preise und Bedingungen.
We find both quality and prices satisfactory and are pleased to order as follows:	Wir sind sowohl mit Preis und Qualität zufrieden und möchten wie folgt bestellen:
That offer you sent us was fine. We're ready to order now.	Ihr Angebot war in Ordnung. Wir möchten nun bestellen.
We've checked your quotation and we'd like to place an order now.	Wir haben Ihr Angebot geprüft und möchten nun gerne bestellen.

Discussing terms of delivery	**Die Lieferzeiten besprechen**
What is the earliest **delivery date**?	Können Sie uns den frühesten **Liefertermin** nennen?
How soon can you deliver?	Wie schnell können Sie liefern?
As agreed, delivery is to be made no later than ...	Wie vereinbart hat die Lieferung bis spätestens ... zu erfolgen.
The delivery dates we agreed on must be strictly adhered to/observed.	Die von uns vereinbarten Liefertermine müssen genau eingehalten werden.
We **reserve the right** to cancel the order if the goods are not delivered by ...	Wir **behalten uns das Recht vor**, die Bestellung zurückzunehmen, wenn die Lieferung nicht bis ... erfolgt.
We must hold you responsible for any loss arising as a result of **delay in delivery**.	Für alle Verluste, die uns bei einer **Lieferverzögerung** entstehen, müssen wir Sie haftbar machen.
As we shall need the PCs urgently, please see to it that the goods are shipped by the first available **vessel**.	Da wir die PCs dringend benötigen, veranlassen Sie bitte, dass die Waren mit dem ersten verfügbaren **Frachter** verschifft werden.

The goods can be delivered immediately **on receipt of your order**.

Die Waren können sofort **nach Eingang Ihrer Bestellung** geliefert werden.

Delivery will be effected **as soon as possible/at the earliest possible date**.

Die Lieferung erfolgt **so bald wie möglich**.

We cannot promise delivery within the period stated in your enquiry, unless we receive your order by ...

Wir können die Lieferung innerhalb der in Ihrer Anfrage genannten Frist nur dann zusagen, wenn wir Ihren Auftrag bis ... erhalten.

PCs **made to specification** can be delivered within 3-4 months.

Die Lieferzeit für PCs, die in **Sonderanfertigung** hergestellt werden, beträgt zwischen 3 und 4 Monaten.

We would expect to have the consignment ready for delivery within 10-12 weeks.

Wir gehen davon aus, dass die Ware innerhalb von 10-12 Wochen versandfertig ist.

Shipment can be effected within 2 or 3 weeks after receipt of order.

Verschiffung erfolgt innerhalb von 2 bis 3 Wochen nach Erhalt der Bestellung.

You will receive the goods within 4 weeks after shipment at the latest.

Sie werden die Ware spätestens innerhalb von 4 Wochen nach der Verschiffung erhalten.

We can fulfil orders within 3 months, unless there are **special specifications**, which may take a little longer.

Mit der Ausnahme von **Sonderanfertigungen**, die etwas länger dauern, erfüllen wir Aufträge innerhalb von 3 Monaten.

Ed: I would also like to discuss the delivery date. You see, I think we would need the PCs here before mid-November, in good time for the Christmas sale, you know.

Ed: Ich möchte auch noch auf die Lieferzeit zu sprechen kommen. Weißt du, wir brauchen die PCs vor Mitte November, rechtzeitig zu Beginn des Weihnachtsgeschäfts.

Peter: Ah! Well, I'm sorry, Ed, but it just wouldn't be **feasible**. The end of November would be the earliest we could manage.

Peter: Ah! Nun, Ed, leider ist das nicht **machbar**. Wir können frühestens Ende November liefern.

Ed: Well, OK. I suppose we could accept that deadline.

Ed: Nun, gut. Ich denke, wir können diesen Termin akzeptieren.

Concluding a deal	Ein Geschäft abschließen
Peter: You've had time to consider the offer, Ed. What do you think?	Peter: Du hattest Zeit, über das Angebot nachzudenken, Ed. Was meinst du?
Ed: I'm not so sure, Peter. To be honest I've had another interesting offer from Access Computers.	Ed: Ich bin mir nicht sicher, Peter. Ehrlich gesagt hatten wir ein anderes interessantes Angebot von Access Computers.
I'm not sure that your offer is actually such a good one. I'm not completely against it but if you want **to do business** with us, you'll have to **reduce** your **prices**.	Ich glaube nicht, dass dein Angebot tatsächlich so gut ist. Ich bin nicht völlig dagegen, aber wenn du mit uns **ins Geschäft kommen** willst, wirst du deine **Preise senken** müssen.
Peter: Prices can always be negotiated, and if you order more than 100 PCs, we would happily consider a **discount**.	Peter: Über Preise lässt sich immer reden, Ed. Und wenn du mehr als 100 PCs bestellst, dann können wir gerne einen **Rabatt** in Erwägung ziehen.
Ed: How much?	Ed: In welcher Höhe?
Peter: 15%	Peter: 15%
Ed: OK! You've got a deal for 120 PCs.	Ed: Abgemacht! Wir kaufen 120 PCs.
(Signing the contract a few days later)	(Vertragsunterzeichnung einige Tage später)
Ed: OK. The **figures** are correct. The dates are right. Where do I sign, Peter?	Ed: Also: Die **Zahlen** stimmen. Die Lieferzeiten sind korrekt. Wo muss ich unterschreiben, Peter?
Peter: Right here at the bottom. The date goes there on the left.	Peter: Rechts unten, das Datum steht links.
Ed: And I sign these other copies as well?	Ed: Muss ich die Kopien auch unterschreiben?
Peter: Yes, please	Peter: Ja, bitte.
Ed: All right, there! So, we have a deal!	Ed: Nun also. Wir sind ins Geschäft gekommen!

Receiving/acknowledging an order

Einen Auftrag erhalten/ bestätigen

We were very glad/pleased to receive your order.

Wir haben uns über Ihren Auftrag sehr gefreut.

Thank you for your **order**, which we **acknowledge** as follows:

Besten Dank für Ihren **Auftrag**, den wir wie folgt **bestätigen**:

Your order has been **put in hand**, and we will do our best to have the goods ready by the end of next week.

Wir haben bereits mit der **Ausführung** Ihres Auftrages begonnen und werden uns bemühen, die Waren bis Ende nächster Woche zum Versand bereitzustellen.

We will do our utmost to rush the completion of your order.

Wir werden unser Bestes tun, die Fertigstellung Ihres Auftrags zu beschleunigen.

We shall notify you as soon as the consignment is **ready for collection**.

Wir werden Sie benachrichtigen, sobald die Sendung **abholbereit** ist.

We assure you that your instructions will be carefully observed.

Wir versichern Ihnen, dass Ihre Anweisungen genau beachtet werden.

Special care will be devoted to the execution of your order.

Wir werden Ihren Auftrag mit besonderer Sorgfalt ausführen.

We hope that this **first order** will lead to further business.

Wir hoffen, dass dieser **Erstauftrag** zu weiteren Geschäftsabschlüssen führen wird.

We hope that this first order represents the first step in the establishment of/marks the beginning of a long and mutually satisfactory business relationship.

Wir hoffen, dass dieser Erstauftrag zu einer dauerhaften und für beide Beteiligten zufrieden stellenden Geschäftsverbindung führen wird.

We hope that the goods will arrive in good condition and look forward to the pleasure of serving you again.

Wir hoffen, dass die Waren wohlbehalten ankommen, und würden uns freuen, weitere Aufträge von Ihnen zu erhalten.

We hope that you will again avail yourselves of our services in the event of further requirements.

Wir hoffen, dass Sie bei weiterem Bedarf auf uns zurückkommen werden.

Complaints

I'm afraid I have **to make a complaint** about the late arrival of the consignment we ordered last month.
We are sorry to inform you that your last consignment has not turned out to our satisfaction.

Could you please tell us when we can expect the delivery of our Order No 4893?
We have been waiting for three weeks now and need the goods urgently.
You promised delivery of 20 PCs by Monday. It's now Friday and the consignment hasn't arrived yet.

Part of the goods were damaged in transit/during transport.
You have sent us the **wrong goods**.
If you don't send us the right goods by the end of this week, I'm afraid we'll have **to cancel the order**.
I must make a complaint about the **poor quality** of the PCs which arrived at our company today.
I'm afraid we can't accept these **faulty goods**.
Last week we bought memory chips from you. Well, four out of ten of the ones we've sampled so far simply don't work.

Reklamationen

Leider muss ich **eine Beschwerde einreichen**, über die verspätete Lieferung, die wir letzten Monat bei Ihnen bestellt haben.
Wir müssen Ihnen leider mitteilen, dass Ihre letzte Sendung nicht zu unserer Zufriedenheit ausgefallen ist.
Können Sie uns bitte mitteilen, wann wir mit der Lieferung von Bestell-Nr. 4893 rechnen können?
Wir warten nun bereits seit 3 Wochen und benötigen die Ware dringend.
Sie sagten uns die Lieferung von 20 PCs bis Montag zu. Es ist heute schon Freitag und die Lieferung ist noch nicht gekommen.
Ein Teil der Waren ist auf dem Transport beschädigt worden.
Sie haben uns die **falschen Waren** zugesandt.
Falls Sie uns die richtigen Waren nicht bis Ende der Woche zusenden, müssen wir **die Bestellung** leider **stornieren**.
Ich möchte mich über die schlechte Qualität der PCs beschweren, die heute an uns geliefert wurden.
Leider können wir diese **fehlerhafte Ware** nicht akzeptieren.
Letzte Woche haben wir bei Ihnen Speicherchips gekauft, doch unsere Stichproben ergaben, dass jeder vierte Chip nicht funktioniert.

We bought a printer last month from you and we're having some problems with it. It just seems that the quality of the printouts could be better.	Letzte Woche kauften wir bei Ihnen einen Drucker, mit dem wir seitdem Probleme haben. Es scheint, als ob die Qualität der Ausdrucke besser sein könnte.
I am writing to ask if you have received our **letter of complaint**.	Ich würde gerne wissen, ob Sie unseren **Beschwerdebrief** erhalten haben.
I spoke to you last week on the phone regarding our complaint and I still haven't received an answer from you.	Ich habe letzte Woche mit Ihnen wegen unserer Beschwerde telefoniert und immer noch keine Antwort erhalten.
Are you sure this invoice is correct?	Sind Sie sicher, dass die Rechnung korrekt ist?
I have checked and have some questions.	Nach genauer Überprüfung habe ich einige Fragen.
On checking your invoice, we noted the following error:	Bei Prüfung Ihrer Rechnung stellten wir folgenden Fehler fest:
We are returning your invoice, as an **error** has been made **in totalling**.	Wir schicken Ihre Rechnung zurück, da sie einen **Additionsfehler** enthält.
There is a discrepancy between the goods delivered and your invoice.	Die gelieferten Waren stimmen nicht mit Ihrer Rechnung überein.
Please correct the statement./ Please issue a corrected statement.	Wir bitten um Berichtigung des Kontoauszugs.
We expressly stated in our order that the goods must reach us no later than ...	In unserer Bestellung haben wir ausdrücklich darauf hingewiesen, dass die Waren bis spätestens ... hier eintreffen müssen.
Your delay in delivery places us in a difficult/embarrassing position.	Ihr Lieferverzug bringt uns in eine schwierige/unangenehme Lage.
Please look into the matter and advise us when the goods can be shipped.	Wir bitten Sie, der Sache nachzugehen und uns mitzuteilen, wann die Waren verschifft werden.
We are prepared to keep the goods if you reduce the price by	Wir sind bereit, die Waren zu behalten, wenn Sie uns eine

20%/if you grant us a reduction of 20%.

Preisermäßigung von 20% gewähren.

Should you fail to deliver the goods by ..., we will be forced/compelled to cancel the order.

Falls Sie die Waren nicht bis zum ... liefern, sehen wir uns gezwungen, die Bestellung zu widerrufen.

Please send us **replacements** for the damaged goods as soon as possible.

Bitte senden Sie uns so bald wie möglich **Ersatz** für die beschädigten Waren.

Please let us know what you intend to do in this matter.

Bitte teilen Sie uns mit, was Sie in dieser Angelegenheit zu tun gedenken.

This has been a matter of great annoyance to me.

Diese Angelegenheit hat mir viel Verdruss bereitet.

We shall expect you to devote more care to the execution of our orders in future.

Wir erwarten, dass Sie unsere Aufträge künftig mit größerer Sorgfalt ausführen werden.

Your efforts to avoid similar occurrences in the future will be appreciated.

Wir hoffen, dass Sie sich bemühen werden, ähnliche Vorkommnisse in Zukunft zu vermeiden.

Handling a complaint

Eine Beschwerde bearbeiten

We are sorry to learn from your letter of ... that you are dissatisfied with our consignment of PCs.

Zu unserem Bedauern erfuhren wir durch Ihr Schreiben vom ..., dass Sie mit unserer Lieferung der PCs unzufrieden sind.

We are very sorry to learn that a mistake was made in packing.

Es tut uns Leid, dass es zu einem Fehler beim Verpacken kam.

Thank you for calling this **error/oversight** to our attention.

Vielen Dank, dass Sie uns auf dieses **Versehen** aufmerksam gemacht haben.

Let me take the full particulars.

Lassen Sie mich die Einzelheiten notieren.

The faulty items will be exchange.

Die mangelhaften Waren werden umgetauscht.

We are sending you ... to replace the goods mentioned in your letter of ...

Wir senden Ihnen ... als Ersatz für die in Ihrem Schreiben von ... erwähnten Waren.

A new consignment is being rushed to you today.

Eine neue Sendung geht Ihnen heute auf schnellstem Wege zu.

Please return the goods at our expense for credit.

Bitte senden Sie die Waren auf unsere Kosten gegen Gutschrift zurück.

I apologise for the defective items you received last month, and wish to inform you that we credited the sum of € 1,500 to your account.

Ich entschuldige mich für die beschädigten Produkte, die Sie letzten Monat erhalten haben. Wir haben Ihrem Konto die Summe von 1.500 € gutgeschrieben.

Please find enclosed our cheque for ..., representing a refund on the goods you recently returned.

Anbei erhalten Sie einen Scheck über ... als Rückerstattung für die kürzlich zurückgesandten Waren.

We can understand your annoyance at not having received the correct merchandise.

Wir verstehen sehr gut Ihre Verärgerung darüber, dass Sie nicht die richtigen Waren erhalten haben.

We shall do our utmost to find a fair solution to the problem.

Wir werden unser Bestes tun, um eine faire Lösung für dieses Problem zu finden.

We regret the error in the **statement**/**invoice**.

Wir bedauern den Fehler im **Kontoauszug**/in der **Rechnung**.

The shipment arrived late because the dockers went on strike.

Die Lieferung kam verspätet an, weil die Hafenarbeiter streikten.

These problems arose because we didn't receive the goods from our normal **forwarding agents**.

Die Probleme entstanden dadurch, dass wir die Waren nicht von unseren üblichen **Spediteuren** erhalten haben.

I wish to apologise to you for our delay in processing the order.

Ich möchte mich für die verzögerte Bearbeitung Ihres Auftrags entschuldigen.

This was due to a shortage of office staff. However, since I spoke to you last week, we have taken on four new employees at our plant, and I am pleased to be able to tell you that your order is now **ready for despatch**.

Dies war das Ergebnis eines Mangels an Büropersonal. Doch seitdem ich letzte Woche mit Ihnen gesprochen habe, haben wir vier neue Arbeitskräfte in unserem Werk eingestellt und ich freue mich, Ihnen mitteilen zu können, dass Ihre Bestellung nun **versandbereit** ist.

It will reach you in **approximately** fourteen days' time.
We trust that the arrangement suggested by us will meet with your approval.
Please accept our apologies for the inconvenience caused by this oversight.
We will take all possible steps to ensure that such a mistake does not occur again.
We are not responsible for the error.
We cannot **accept responsibility** for this damage.
Our suppliers have told us that the goods were in perfect condition when they left the factory.

Sie wird Sie in **ungefähr** 14 Tagen erreichen.
Wir hoffen, dass die vorgeschlagene Regelung Ihre Zustimmung findet.
Bitte entschuldigen Sie die Unannehmlichkeiten, die Ihnen durch dieses Versehen entstanden sind.
Wir werden alles tun, damit sich ein solcher Fehler nicht wiederholen wird.
Wir sind für den Fehler nicht verantwortlich.
Für diesen Schaden können wir keine **Haftung übernehmen**.
Unsere Lieferanten bestätigen uns, dass die Waren in einwandfreiem Zustand waren, als sie die Fabrik verließen.

Telephone conversations
Telefonate

Here we go

In diesem Kapitel erleben wir, wie Peter Brückner die täglichen Situationen der Geschäftswelt, wie Termine vereinbaren, Kunden akquirieren und Verkaufsgespräche am Telefon in englischer Sprache meistert.

Talk Talk Talk

Getting a number	**Nach einer Nummer fragen**
Could you give me **directory enquiries** (US: **directory assistance**), please?	Könnten Sie mich bitte mit der **Auskunft** verbinden?
What **number** do you want?	Welche **Nummer** wünschen Sie?
Can you give me the number of ERGO Ltd. of 21 Lime Street, London.	Ich hätte gern eine Nummer in London, Firma Ergo Ltd., Lime Street 21.
There's no **listing** under that name.	Ich habe keine **Eintragung** unter diesem Namen.
It's not in the book.	Ich kann die Nummer nicht finden.
They're **ex-directory** (US: **unlisted**).	Das ist eine **Geheimnummer**.
What is the **code** for Liverpool?	Wie lautet die **Vorwahl** von Liverpool?
Can I **dial direct** to Paris, please?	Kann ich bitte nach Paris **durchwählen**?
How do I make an **outside call**?	Wie bekomme ich eine **externe Leitung**?
What do I dial to get the **speaking clock?**	Wie lautet die Nummer der **Zeitansage**?
You'll have to look up the number in the **directory**.	Sie müssen die Nummer im **Telefonbuch** nachschlagen.

You should get the number from **International Directory Enquiries**. You omit the '0' when dialling England from Germany.

Sie können die Nummer bei der **internationalen Auskunft** erfragen. Lassen Sie die Null weg, wenn Sie von Deutschland nach England anrufen.

Operator, can you check this number for me?

Könnten Sie diese Nummer für mich überprüfen?

Could you **get me** Birmingham 299221?

Könnten Sie **mich** bitte **mit** Birmingham 299221 **verbinden**?

Replace the **receiver** and dial again.

Legen Sie den **Telefonhörer** auf und wählen Sie noch einmal.

Background Information

The **country code** for Germany is +49 and for the United Kingdom +44. The figure 0 is usually called *oh* in British English, and *zero* in American English. When we say one figure at a time, 0 is often called *oh* (like the letter O).
My account number is 41306: four-one-three-**oh**-six.
The British say each figure in telephone numbers separately, pausing after groups of three or four (not two as in German). When the same figure comes twice, British people usually say *double*.
307 4922 three-oh-seven-four-nine-**double** two.

Talk Talk Talk

Answering the telephone

Sich am Telefon melden

Good morning/good afternoon/good evening, ERGO Ltd. Can/May I help you?

Guten Morgen/guten Tag/guten Abend, ERGO Ltd. Kann ich Ihnen helfen?

My name is Jane Smith, how can I help you?

Mein Name ist Jane Smith, wie kann ich Ihnen helfen?

Hello, Mrs Lucy Scott speaking.

Hallo, Lucy Scott am Apparat.

Who would you like to speak to?

Mit wem möchten Sie sprechen?

Who's speaking, please?	Wer ist am Apparat?
May I ask who's calling, please?	Mit wem spreche ich bitte?
What can I do for you?	Was kann ich für Sie tun?
ERGO Ltd., good morning.	ERGO Ltd. Guten Morgen.
How can I **be of assistance**?	Wie kann ich Ihnen **helfen**?
Who would you like to speak to?	Mit wem möchten Sie bitte sprechen?
Good morning, Peter Brückner's office.	Guten Morgen, hier ist das Büro von Peter Brückner.
Hello, this is Peter Brückner speaking.	Hallo, Peter Brückner hier.
My name is Peter Brückner.	Mein Name ist Peter Brückner.
I'm Peter Brückner. Good morning.	Ich heiße Peter Brückner. Guten Morgen.
This is a **recorded message**.	Dies ist der **Anrufbeantworter** von ...
Please speak after the **tone**/ **beep**.	Bitte sprechen Sie nach dem **Piepton**.
Making phone calls	**Anrufen**
Good morning/good afternoon/ good evening, my name is ...	Guten Morgen/guten Tag/guten Abend, mein Name ist ...
Is that ERGO Ltd.? (US: Is this ...?)	Bin ich mit ERGO Ltd. verbunden?
This is Tony Irwin from PKG International.	Hier ist Tony Irwin von PKG International.
I'd like to speak to Peter Brückner.	Ich möchte mit Peter Brückner sprechen.
Speaking.	**Am Apparat**.
Peter Brückner, here. Brückner of ERGO, may I speak to Mr Wiggens, please?	Hier Peter Brückner. Brückner von ERGO. Kann ich bitte mit Herrn Wiggens sprechen?
I'm calling on behalf of Mr Blackman.	Ich rufe im Auftrag von Herrn Blackman an.
I'd like to speak to Mr Brückner, please.	Ich möchte mit Herrn Brückner sprechen.
Can/Could I speak to Mr Brückner, please?	Kann ich bitte mit Herrn Brückner sprechen?

Could you put me through to extension 304, please?
Können Sie mich bitte mit dem Apparat 304 verbinden?

Could you **put** me **through** to Mr Brückner, please?
Können Sie mich bitte zu Herrn Brückner **durchstellen**?

Background Information

Could and **can** are both possible for making requests or asking permission depending on the level of formality. *Could* is more polite, more formal and less definite than *can*.

Can you wait a moment, please?

Could you wait a moment, please?

Could and *would* are more formal than *can.*

May is also used to ask or give permission. It is very polite and even more formal than *can* and *could*.

Some people consider *may* more 'correct', but in fact *can* and *could* are normally preferred in informal educated usage, especially in British English.

Talk Talk Talk

Is Peter Brückner **available**/**there**?
Ist Peter Brücker **zu sprechen**?

Hello! Am I speaking to Mr Brückner?
Hallo, spreche ich mit Herrn Brückner?

Is that Mr Brückner's phone?
Bin ich mit dem Apparat von Herrn Brückner verbunden?

Hello, is Peter there by any chance?
Hallo. Ist Peter vielleicht zu sprechen?

I'd like to speak to your Assistant Sales Manager, if I may.
Ich würde gerne mit dem stellvertretenden Vertriebsleiter sprechen, falls dies möglich ist.

It's urgent.
Es ist dringend.

Could you connect me with somebody from the Sales Department, please?
Würden Sie mich bitte mit jemandem aus der Verkaufsabteilung verbinden?

Asking for clarification	Nachrichten wiederholen/prüfen
May I ask who's calling, please?	Mit wem spreche ich bitte?
Who's speaking, please?	Wer ist am Apparat?
Who am I speaking to?	Mit wem spreche ich?
Could you give me your name, please?	Könnten Sie mir bitte Ihren Namen sagen?
Would you repeat the name of your **company**, please?	Könnten Sie bitte den Namen Ihrer **Firma** wiederholen?
May I have your address, please?	Kann ich bitte Ihre Adresse haben?
Could I have your number, please?	Könnten Sie mir bitte Ihre Telefonnummer geben?
I'm sorry, would you **spell** that for me?	Entschuldigung, könnten Sie das bitte **buchstabieren**?
Can you tell me where you're ringing from, please?	Woher rufen Sie an?
Who did you say you wanted to speak to?	Mit wem wollten Sie sprechen?
I'm sorry, I didn't **catch** your name.	Es tut mir Leid, aber ich habe Ihren Namen nicht **verstanden**.
Sorry, I couldn't hear what you said.	Tut mir Leid, aber ich habe nicht verstanden, was Sie gesagt haben.
Could you please repeat the last **remark**?	Könnten Sie Ihre letzte **Bemerkung** bitte wiederholen?
Could you possibly speak more slowly?	Könnten Sie bitte langsamer sprechen?
Could you read that back to me?	Könnten Sie dies bitte noch einmal erläutern?

The person wanted is not there	Der Gesprächspartner ist nicht zu sprechen
I'm afraid he isn't in at the moment.	Es tut mir Leid, aber er ist im Augenblick nicht im Hause.
There's no reply.	Es meldet sich niemand.
Sorry, he's just gone out.	Tut mir Leid, aber er ist gerade weggegangen.

Sorry, he's **not in** right now.	Es tut mir Leid, aber er ist im Augenblick **nicht in seinem Büro**.
He's away for a few days.	Er ist für einige Tage verreist.
Can I give him a message?	Soll ich ihm etwas ausrichten?
He's **out of town** this week, I'm afraid.	Leider ist er diese Woche **nicht in der Stadt**.
He's **away on business** today.	Leider ist er heute **geschäftlich unterwegs**.
I'm sorry, he's at the Hanover **Fair** all week.	Es tut mir Leid, aber er ist die ganze Woche auf der Hannover **Messe**.
I'm afraid Peter is **in a meeting**.	Es tut mir Leid, aber Peter ist **in einer Besprechung**.
He's just **taking** his **lunch break**.	Er ist gerade **in der Mittagspause**.
All of our sales team are **presently unavailable**.	Unsere Mitarbeiter aus der Vertriebsabteilung sind **zurzeit nicht zu erreichen**.
He's on holiday until mid-August.	Er ist bis Mitte August im Urlaub.
I'm very sorry. He's just popped/stepped out for a while. He'll be right back.	Tut mir Leid, aber er ist gerade kurz außer Haus. Er kommt gleich wieder.
I'm sorry, she is talking **on the other line** at the moment.	Es tut mir Leid, aber sie spricht gerade **auf der anderen Leitung**.
He's tied up at the moment.	Er ist gerade beschäftigt.
He has asked for no calls to be put through while he's in a meeting.	Er hat mich gebeten, keine Anrufe durchzustellen, während er in einer Besprechung ist.
The **line's engaged**/**busy**. Will you hold?	Die **Leitung ist besetzt**. Möchten Sie warten?

False Friends

A false friend is **»engaged«** which isn't usually translated into German as »engagiert«. »Engaged« means either »verlobt sein« or – as in our example sentence – »(Leitung) besetzt sein«. Better English translations for »engagiert« are »dedicated«, »involved« or »committed«.

Talk Talk Talk

Peter is **on the phone** at the moment, I'm afraid.

Tut mir Leid, aber Peter **spricht gerade**.

Background Information

»He's on the phone« can mean either that the person referred to has a phone and a number under which he/she can be called or that he or she is at that moment speaking on the phone. »She's off the phone« has only the meaning »she is no longer talking on the phone«.

Talk Talk Talk

Would you like to **ring back** later?	Möchten Sie später **zurückrufen**?
Can he ring you back later?	Kann er Sie später zurückrufen?
Would you like me to put you through to Peter's **secretary**?	Soll ich Sie mit Peters **Sekretärin** verbinden?
Could you call back again this afternoon?	Können Sie heute Nachmittag zurückrufen?
OK, I'll call back later.	Gut, ich rufe später zurück.
All right, I'll try again this afternoon.	In Ordnung, ich probiere es heute Nachmittag noch einmal.

Asking for information about the person called	**Information über die angerufene Person erfragen**
What time could I reach him?	Wann kann ich ihn erreichen?
Will he be in his office this afternoon?	Wird er heute Nachmittag in seinem Büro sein?
Can I **contact** him on Saturday?	Kann ich ihn am Samstag **kontaktieren/erreichen**?
Right, I'll phone again next week.	Gut, ich werde ihn nächste Woche wieder anrufen.
Well, what time will he be there?	Nun, wann ist er wieder da?

When would be the best time to reach him?	Wann wäre die beste Zeit, ihn zu erreichen?
Do you have Ms Giddens' **extension**?	Haben Sie die **Durchwahl** von Frau Giddens?
Do you know whether Peter received my letter?	Wissen Sie, ob Peter meinen Brief erhalten hat?
Did Peter receive my fax with the latest sales figures?	Hat Peter mein Fax mit den neuesten Verkaufszahlen erhalten?
Do you happen to know whether he/she has a **mobile phone**?	Wissen Sie, ob er/sie ein **Handy** hat?
Do you have his **mobile number**?	Haben Sie seine **Handynummer**?
Could you give me his **private number**?	Könnten Sie mir seine **Privatnummer** geben?

Reason for phoning	**Gründe für den Anruf**
Would you mind telling me what it's about?	Würden Sie mir bitte sagen, worum es geht?
I'm phoning about ...	Ich rufe bezüglich .... an.
I'd like to speak to someone about ...	Ich möchte mit jemandem wegen ... sprechen.
The reason I'm phoning is ...	Der Grund meines Anrufes ist, dass ...
I'm phoning to ask ...	Ich rufe an, um zu fragen, ob ...
I'm ringing to enquire about ...	Ich rufe an wegen ...
I just wanted **to arrange a meeting** with your Sales Manager.	Ich wollte nur ein **Treffen** mit Ihrem Verkaufsleiter **vereinbaren**.
I just called to **enquire** how the new software is performing.	Ich wollte mich **erkundigen**, ob mit der neuen Software alles in Ordnung ist.
I wonder if you could help me.	Vielleicht könnten Sie mir helfen.

False Friends

»I wonder« can't be translated in German by »Ich wundere mich«. It has the meaning of »Ich frage mich, ob ...« oder »Vielleicht ...«. The German »sich wundern« translates as »surprised« or »amazed«. So »Ich wundere mich« becomes »I am surprised« or even »I am amazed«.

Talk Talk Talk

Putting calls through	Durchstellen
Who shall I say is calling?	Wen darf ich melden?
I'll connect you. Just a minute, please.	Ich verbinde Sie. Einen Augenblick, bitte.
I'll put you through right away.	Ich werde Sie sofort verbinden.
The line's free now. I'll put you through.	Die Leitung ist jetzt frei. Ich verbinde Sie.
Can you put me through to Mr Brückner, please?	Könnten Sie mich bitte mit Herrn Brückner verbinden?
One moment, please. I'll see if he's in.	Einen Augenblick bitte. Ich werde schauen, ob er in seinem Büro ist.
Do you know his **extension number**?	Wissen Sie, welchen **Apparat** er hat?
Hold the line, please.	Bitte **bleiben** Sie **am Apparat**.
Can/Would you hold on, please?	Bitte warten Sie.
Could you hold for just a minute?	Können Sie bitte einen Augenblick am Apparat bleiben?
Sorry to keep you waiting.	Es tut mir Leid, dass Sie warten mussten.
Peter is off the phone now.	Peter hat jetzt aufgelegt.
I'm **connecting** you **with** Mr Brückner now.	Ich **verbinde** Sie jetzt **mit** Herrn Brückner.
You're through to our Sales Department.	Sie sind mit unserer Verkaufsabteilung verbunden.
I can **put** you **through** now.	Ich kann Sie nun **verbinden**.
One moment, please. I'll see if he's at his desk.	Einen Augenblick bitte. Ich schaue, ob er an seinem Schreibtisch ist.
It's ringing.	Wir haben ein Rufzeichen.
All lines to Manchester are engaged – please try later.	Alle Leitungen nach Manchester sind besetzt. Bitte rufen Sie später noch einmal an.
Your **telephone operator** said she'd connect me to somebody who could help me with	Die Dame in der **Telefonzentrale**/ Ihre **Vermittlung** sagte, sie würde mich mit jemandem verbinden,

my **enquiry**.
der mir bei meiner **Anfrage** weiterhelfen würde.

Passing on calls and messages
Telefonanrufe und Nachrichten weiterleiten

(Lucy Scott to Peter Brückner)
(Lucy Scott zu Peter Brückner)

I have a **call** from London for Mr Brückner.
Ein **Gespräch** aus London für Herrn Brückner.

Mr Lambert for you from Tokyo.
Mr Lambert aus Tokio für Sie.

There's a Mr Campbell calling you from Sydney and wishes you to pay for the call. Will you accept it?
Ich habe einen gewissen Herrn Campbell aus Sydney mit einem R-Gespräch für Sie. Nehmen Sie das Gespräch an?

Who is it?
Wer ist am Apparat?

He doesn't want to give his name.
Er will seinen Namen nicht nennen.

A Mr Evans wants to speak to you.
Ein gewisser Mr Evans möchte mit Ihnen sprechen.

Will you **take a call** from Mr Smith?
Nehmen Sie einen **Anruf** von Mr Smith **entgegen**?

I have Essex Electronics on the line now.
Ich habe Essex Electronics am Telefon.

There's a Mrs Yates on the phone for you.
Ich habe eine Frau Yates in der Leitung für Sie.

Did she say what it was about?
Hat sie gesagt, was sie will?

She won't say what it's about.
Sie will nicht sagen, worum es geht.

Get her number and tell her I'll call back.
Notieren Sie ihre Nummer und sagen Sie ihr, dass ich sie zurückrufen werde.

Bad connections
Eine schlechte Verbindung

I can't hear you very clearly, it's a **bad line**.
Ich kann Sie kaum verstehen, die **Verbindung** ist **schlecht**.

I'm sorry this is a terrible **line**.
Es tut mir Leid, aber die **Verbindung** ist sehr schlecht.

We've really got a bad **connection**.	Die **Leitung** ist wirklich sehr schlecht.
There seems to be an awful lot of interference.	Die Leitung ist offensichtlich stark gestört.
You're very faint.	Ich kann Sie nur ganz leise hören.
There's a loud buzzing sound.	Ich höre ein lautes Summen in der Leitung.
Can you try this number for me? I can't seem to get through.	Würden Sie diese Nummer für mich wählen? Ich komme nicht durch.
Try hanging up and phoning again.	Legen Sie bitte auf und rufen Sie noch mal an.
We've got a crossed line. I can hear other people talking.	Da ist noch jemand in der Leitung. Ich höre andere Stimmen.
Shall I phone you back?	Soll ich Sie zurückrufen?
I can't get a dialling tone on my phone.	Mein Telefon ist tot.
The number is not ringing.	Ich bekomme kein Rufzeichen.
I'm getting **»number unobtainable«**/I'm getting **the »number unobtainable« signal**.	Ich bekomme immer nur **»Kein Anschluss unter dieser Nummer«**.
The phone is **out of order**.	Das Telefon ist **gestört**.
We were **cut off**.	Wir sind **unterbrochen** worden.
I've called you several times with no reply.	Ich habe Sie mehrmals angerufen, aber es hat sich niemand gemeldet.

Wrong number / Falsch verbunden

No, this isn't the number you want.	Nein, dies ist nicht die Nummer, die Sie wollen.
No, we are not a **forwarding company**.	Nein, wir sind keine **Spedition**.
Sorry, the number's changed.	Es tut mir Leid, aber die Nummer hat sich geändert.
I think it is 191 2005, but you might check with directory enquiries.	Ich glaube die Nummer lautet 191 2005, aber fragen Sie noch bei der Auskunft nach.

You must have **dialled** the **wrong number**.	Sie müssen sich **verwählt** haben./ Sie müssen die **falsche Nummer gewählt** haben.
What number are you calling?	Welche Nummer haben Sie gewählt?
Nobody by that name works here.	Bei uns arbeitet niemand mit diesem Namen.

Person calling	**Anrufer**
Oh, isn't that ExtelCom? I'm so sorry.	Oh, bin ich nicht mit ExtelCom verbunden. Entschuldigung.
Isn't it 492 36693?	Habe ich nicht 492 36693 gewählt?
I must have dialled the wrong number.	Ich muss die falsche Nummer gewählt haben.
You gave me a wrong number.	Sie haben mir die falsche Nummer gegeben.
I got the **wrong extension**.	Ich bin mit dem **falschen Apparat** verbunden.
Sorry to have troubled you.	Entschuldigen Sie die Störung.
But I found this number in the **Yellow Pages**.	Aber ich habe die Nummer in den **Gelben Seiten** gefunden.
Well, this is the number I was asked to ring.	Nun, man hat mir gesagt, ich soll diese Nummer wählen.
Sorry. I must have got the wrong **area code**.	Entschuldigung, aber ich habe wohl die falsche **Vorwahl** gewählt.
Hello, I think they have cut me off.	Hallo, hallo? Ich glaube, die haben mich aus der Leitung geworfen.
How can I get reconnected?	Wie bekomme ich wieder eine Verbindung?
But the line is still open, Peter.	Die Verbindung steht aber doch noch, Peter.
You'll just have to wait.	Sie müssen einfach warten.
Didn't they tell you to hold on?	Haben Sie Ihnen nicht gesagt, Sie sollen in der Leitung bleiben?

The line seems to have gone dead. I'll hang up and try again.

Die Verbindung scheint unterbrochen worden zu sein. Ich lege auf und versuche es noch einmal.

Leaving phone messages

Nachrichten hinterlassen

Would you like to **leave a message**?

Möchten Sie **eine Nachricht hinterlassen**?

Perhaps I could **take a message**?

Soll ich ihm **etwas ausrichten**?

May I take your name and number and get him to call you back?

Kann ich Ihren Namen und Ihre Telefonnummer notieren? Er wird Sie dann zurückrufen.

Can I tell him what it's about?

Kann ich ihm sagen, worum es geht?

Any messages while I was out?

Irgendwelche Nachrichten während meiner Abwesenheit?

Yes, Ms Evans called to say she was going to be late.

Eine Frau Evans hat angerufen, um zu sagen, dass sie sich verspäten wird.

Background Information

Ms

The use of »Mrs« and »Miss« for women is increasingly being replaced by the title »Ms« because **Ms** is as equally non-indicative of marital status as the male term »Mr«. This new accepted form indicates only that the person is female but considers that whether she is married or not is irrelevant to her professional activity.

Talk Talk Talk

Could I leave my number for Peter to **call** me **back**?

Kann ich Peter meine Nummer hinterlassen, damit er mich **zurückrufen** kann?

In the office you can reach me on .../My number at work is ...

Im Büro erreichen Sie mich unter der Telefonnummer ...

My home/private number is ...	Meine Privatnummer ist/lautet ...
My extension is ...	Meine Durchwahl ist ...
Did anyone call this morning?	Hat heute Morgen jemand für mich angerufen?
Yes, Mr Smith needs to speak to you urgently.	Ja, Mr Smith muss ganz dringend mit Ihnen sprechen.
I've tried his phone number but he's not there.	Ich habe versucht, ihn zu erreichen, aber er ist nicht da.
I left a message on his answerphone and also on his mobile.	Ich habe eine Nachricht auf seinem Anrufbeantworter und auf seinem Handy hinterlassen.
I asked him to call back urgently.	Ich habe ihn gebeten, mich ganz dringend zurückzurufen.

Person calling	**Anrufer**
May I leave a message?	Kann ich eine Nachricht hinterlassen?
Can you **give** him **a message**?/ Could you **pass a message on to** her?	Können Sie ihm **etwas ausrichten**?/Könnten Sie ihr **etwas ausrichten**?
Could you tell him I called?	Könnten Sie ihm sagen, dass ich angerufen habe?
Could you ask him to call me?	Könnten Sie ihm sagen, dass er mich zurückrufen soll?

Calling back	**Zurückrufen**
I'm calling back as we agreed.	Wie vereinbart, rufe ich zurück.
I'm returning Mr Brückner's call.	Ich rufe Herrn Brückner zurück.
Good morning. This is Peter Brückner.	Guten Morgen. Peter Brückner.
Mr Armstrong called me this morning.	Herr Armstrong hat mich heute Morgen angerufen.
Hello, it's Peter Brückner speaking.	Hallo, hier spricht Peter Brückner.
Mr Howard asked me to call him.	Herr Howard wollte, dass ich ihn anrufe.

Steve, it's Peter. Sorry, I didn't get back to you sooner. But I've got a lot of work on at the moment.

Hallo Steve, hier ist Peter. Es tut mir Leid, dass ich dich nicht schon früher zurückgerufen habe, aber ich habe im Moment sehr viel zu tun.

Are you going to be at this number all afternoon?

Sind Sie den ganzen Nachmittag unter dieser Nummer zu erreichen?

Shall I ask him to return your call?

Soll ich ihm sagen, dass er Sie zurückrufen soll?

When would be the best time **to reach** you?

Wann wäre die beste Zeit, Sie zu **erreichen**?

Where can you be reached later today?

Wo kann man Sie im Laufe des Tages erreichen?

Would you ask him to call me before 5 pm?

Sagen Sie ihm, dass er mich vor 17.00 Uhr anrufen soll.

Background Information

pm/am

Most English people still count only by the twelve-hour clock, not the twenty-four-hour clock. The abbreviation »pm« means after 12 o'clock noon (from Latin »post meridiem«) whereas the abbreviation »am« refers to the time between midnight and midday (from Latin »ante meridiem«). Use of the twenty-four-hour clock, however, is gradually spreading, especially for official timetables.

Greetings

Good morning	from getting up until midday
Good afternoon	from 12 midday until 6 pm
Good evening	from 6 pm until bedtime

Talk Talk Talk

Ringing off

Das Gespräch beenden

Thank you for phoning. Goodbye.

Vielen Dank für Ihren Anruf. Auf Wiederhören.

Thank you for calling Ergo Ltd. Goodbye.

Vielen Dank, dass Sie ERGO Ltd. angerufen haben.

Thanks for your help. Goodbye.	Vielen Dank für Ihre Hilfe. Auf Wiederhören.
I'll get back to you first thing tomorrow morning.	Ich melde mich morgen früh als erstes bei dir.
I look forward to hearing from you again.	Ich freue mich, bald wieder von Ihnen zu hören.
Thanks for calling. It's been nice talking to you.	Vielen Dank für Ihren Anruf. Es war schön, mit Ihnen zu sprechen.
It was nice of you to call.	Es ist nett, dass Sie angerufen haben.
Sorry, I really must be going.	Entschuldigen Sie, ich muss jetzt wirklich gehen.
Well, I have to run. Bye now.	Ich muss mich beeilen. Tschüss.
Must be going. Bye-bye.	Ich muss jetzt Schluss machen. Tschüss.
Well, bye for now. Let's keep in touch.	Tschüss und lass uns in Verbindung bleiben.
Look, this call must be costing you a fortune.	Dieser Anruf muss dich ein Vermögen kosten.
I'll talk to you next week.	Ich rufe dich nächste Woche wieder an.
Give me a call some time next week.	Ruf mich irgendwann nächste Woche an.
Fine. Hope to see you on ...	Gut. Ich hoffe, Sie am ... zu treffen.
Speak to you soon. Bye.	Wir sprechen uns bald wieder. Tschüss.
If I don't hear from you I'll give you a call.	Wenn ich nichts von Ihnen höre, werde ich Sie anrufen.
That's just about it for now. I'll get back to you later.	Das wäre es im Augenblick. Ich melde mich später wieder bei Ihnen.
Give me a buzz some time.	Rufe mich doch einmal an!
I'll certainly give you a call.	Ich rufe bestimmt an.
I'll be in touch. Bye.	Ich melde mich bald wieder.
Well, if there's anything else you would like to know about, why not give me a call later?	Also, wenn Sie sonst noch irgendetwas wissen möchten, können Sie mich gerne später noch einmal anrufen.

We'd be delighted to give you all the assistance we can. Just let us know, **should the occasion arise.**	Wir würden uns freuen, Ihnen jede nur erdenkliche Unterstützung zu geben. Sagen Sie uns **gegebenenfalls** einfach Bescheid.
We'll send you the info/ brochures/price list later.	Wir werden Ihnen die Info/ Broschüren/Preisliste später zusenden.
Different types of calls	**Verschiedene Arten von Anrufen**
It's a **local call**.	Es ist ein **Ortsgespräch**.
It's a **long distance call** from New York.	Es ist ein **Ferngespräch** aus New York.
I want **to make an international call**.	Ich möchte **ins Ausland telefonieren**.
I want to make a **reverse charge call** to a London number (US: I want to make a London **number collect**).	Ich möchte ein **R-Gespräch** nach London anmelden.
I would like **to make a credit card call** to Tokyo.	Ich möchte **auf Kreditkarte** nach Tokyo **telefonieren**.
I would like a **morning call** for 7.30 tomorrow.	Ich hätte gerne einen **Weckruf** für morgen früh 7.30.

Background Information

British Telephone Alphabet

A – Alfred	**H** – Harry	**O** – Oliver	**V** – Victor
B – Benjamin	**I** – Isaac	**P** – Peter	**W** – William
C – Charles	**J** – Jack	**Q** – Queen	**X** – X-ray
D – David	**K** – King	**R** – Robert	**Y** – Yellow
E – Edward	**L** – London	**S** – Samuel	**Z** – Zebra
F – Frederick	**M** – Mary	**T** – Tommy	
G – George	**N** – Nellie	**U** – Uncle	

Talk Talk Talk

Talking on the phone	Telefongespräche führen
Good morning, ERGO Limited.	Guten Morgen, ERGO Limited.
How can I help you?	Wie kann ich Ihnen helfen?
Good morning, may I speak to Peter Brückner, please?	Guten Morgen, kann ich bitte mit Herrn Brückner sprechen?
I'll see if he's in the **office**. Who's calling?	Ich werde sehen, ob er in seinem **Büro** ist. Wer spricht bitte?
Takiro Watanabe, Watanabe of VTEX, Tokyo.	Takiro Watanabe, Watanabe von VTEX in Tokio.
Sorry, what did you say your name was?	Entschuldigung, wie ist Ihr Name?
Takiro Watanabe.	Takiro Watanabe.
Sorry, could you spell that for me?	Entschuldigung, aber könnten Sie dies bitte buchstabieren?
W-A-T-A-N-A-B-E	W-A-T-A-N-A-B-E.
Hold the line, please Mr Watanabe …	Bitte warten Sie einen Moment, Herr Watanabe.
He's in a meeting with the **Sales Manager** at the moment, I'm afraid.	Tut mir Leid, aber er ist zurzeit in einer Besprechung mit unserem **Verkaufsleiter**.
Can I help you?	Kann ich Ihnen weiterhelfen?
Well, I met Peter when we were both at the Hanover Trade Fair. He suggested I should call him next time I was in London again.	Nun, ich habe Peter auf der Messe in Hannover getroffen. Er meinte ich solle ihn anrufen, wenn ich das nächste Mal wieder in London bin.
When could I reach him?	Wann kann ich ihn denn erreichen?
I don't think the meeting will go on much longer. Shall I ask him to call you back when he's free?	Ich glaube nicht, dass die Besprechung noch lange dauern wird. Soll ich ihm sagen, dass er Sie zurückrufen soll?
Yes, that would be easiest.	Ja, das wäre am einfachsten.
Could I have your number, please?	Könnten Sie mir bitte Ihre Telefonnummer geben?

Ah, yes, I'm staying at the Dorchester Hotel in London.
The number is 40 70 45 33.
OK, can I **read** that **back** to you?
Takiro Watanabe from Hong Kong at the Dorchester Hotel.
No, it's not Hong Kong, it's Tokyo.

Ah, ja, ich wohne im Dorchester Hotel in London.
Die Nummer lautet 40 70 45 33.
OK, lassen Sie mich **wiederholen**.
Takiro Watanabe aus Hongkong im Dorchester Hotel.
Nein, nicht aus Hongkong sondern aus Tokio.

OK, Tokyo. Right, you' ll be hearing from Mr Brückner later in the morning then. Goodbye.
Thank you for your help. Bye bye.

OK, aus Tokio. Herr Brückner wird Sie im Laufe des Morgens zurückrufen. Auf Wiederhören.
Vielen Dank für Ihre Hilfe. Auf Wiederhören.

This Ms Walker speaking, Walker from Brown Trading Company. I'd like to speak to your Sales Manager about an order.
Er ... our Sales Manager is rather **busy** at the moment. He has asked for no calls to be put through. But may I take your name and number and get someone else from our Sales Department to call you back?
Actually, I need to talk to someone urgently.
In this case, I'll put you through to his **assistant**, Mr Brückner.

Hier spricht Frau Walker von der Brown Trading Company. Ich möchte mit Ihrem Verkaufsleiter wegen eines Auftrags sprechen.
Hm ... unser Verkaufsleiter ist zurzeit sehr **beschäftigt** und möchte nicht durch Telefonate gestört werden. Aber wenn Sie mir Ihren Namen und Ihre Telefonnummer geben, wird jemand aus unserer Verkaufsabteilung Sie zurückrufen.
Eigentlich muss ich ganz dringend mit jemandem sprechen.
Nun, in diesem Fall verbinde ich Sie mit seinem **Stellvertreter**, Herrn Brückner.

Thank you.
(Mrs Lucy Scott to Peter Brückner)
Lucy: I've got a Ms Walker on the line for you.
She wishes to enquire about an order.
Will you accept it?
Peter: Yes, put her through.
Brückner speaking.

Vielen Dank.
(Frau Scott zu Herrn Brückner)
Lucy: Eine Frau Walker für Sie.
Sie hat Fragen bezüglich eines Auftrags.
Nehmen Sie das Gespräch an?
Peter: Ja, stellen Sie sie durch.
Brückner.

Ms Walker: Brown Trading Company. Ms Walker here. Good morning, Mr Brückner.
Could I ask you to **bring forward** our order?

Frau Walker: Brown Trading Company. Frau Walker.
Guten Morgen, Herr Brückner.
Könnte ich Sie bitten, unseren Auftrag zu **beschleunigen**?

Peter: Well, we'll see. What's the **Order No**, please?

Peter: Nun, lassen Sie mich einmal sehen. Wie war die **Auftragsnummer**?

Ms Walker: Ah, let me see ... it's GM 4556.

Frau Walker: Ah, einen Moment ... GM 4556.

Peter: Could you please repeat, that? The line is bad.

Peter: Würden Sie dies bitte wiederholen? Die Verbindung ist ziemlich schlecht.

Peter: Next month ... umm ... you originally specified delivery for the end of June.
I can't tell you right now whether this is possible. But I'll tell you what I'll do. I'll find out as much as I can and ring you back this afternoon.

Peter: Nächsten Monat ... umm ... die ursprüngliche Lieferzeit war Ende Juni.
Ich kann Ihnen nicht sofort sagen, ob dies möglich ist. Aber ich werde Ihnen sagen, was ich machen werde. Ich werde so viel wie möglich herausfinden und Sie heute Nachmittag zurückrufen.

Ms Walker: Yes, I'd be very glad if you would. We thought June would be OK, but we've been given shorter **deadlines** ourselves. Therefore we'd appreciate it very much if we could have the order already in May.

Frau Walker: Ja, das würde mich sehr freuen. Wir dachten, dass Juni in Ordnung wäre, aber man hat uns selber kürzere **Fristen** gesetzt. Wir würden es daher zu schätzen wissen, wenn wir die Lieferung schon im Mai haben könnten.

Peter: Right, could you give me your phone number? Or is it the one on the order?

Peter: Gut. Könnten Sie mir Ihre Telefonnummer durchgeben oder ist sie die gleiche wie auf der Bestellung?

Ms Walker: Yes, that's the number. But let me give you my extension, too. It's 3724.

Frau Walker: Ja, das ist die gleiche Nummer. Aber ich gebe Ihnen auch gleich meine Durchwahl mit an: – 3724.

Peter: Hello, this is Peter Brückner from ERGO Limited. I'm **phoning back** about your order.
Ms Walker: Oh yes, good. Can you do anything?
Peter: Yes, I've spoken with our **plant**.
We can send you the whole lot by 20th May.
Ms Walker: Ah, that's really great! Thanks very much.
I'm really pleased about that.
And I'm very grateful to you for arranging things.

Peter: That's quite all right. We're always glad to help if we can.

I'll fax the new **arrangements** to you for **confirmation**.
Ms Walker: Good, and once again, many thanks. Bye, bye.
Peter: Bye then.

Operator: ERGO Limited. How can I help you?
Sam: Good morning. Could I have extension 326, please?

Operator: Right. I'll put you through.
Sam: Hello Peter. Sam Brown here.
I'm **returning** your **phone call**. How are you?
Peter: Oh hello, Sam. Thank you for calling me back. Listen: I'm afraid I've got a meeting in about

Peter: Hallo, hier ist Peter Brückner von ERGO Limited. Ich **rufe** Sie wegen des Auftrags **zurück**.
Ms Walker: Oh, ja, gut. Lässt sich etwas machen?
Peter: Ja, ich habe mit unserer **Produktion** gesprochen.
Wir können Ihnen die Lieferung bis zum 20. Mai senden.
Ms Walker: Ah, das ist großartig! Vielen Dank!
Das freut mich wirklich sehr.
Ich bin Ihnen sehr dankbar, dass Sie das für uns möglich gemacht haben.
Peter: Keine Ursache. Wir sind immer bemüht zu helfen, wo wir können.
Ich werde Ihnen die neuen **Konditionen** zu Ihrer **Bestätigung** faxen.
Ms Walker: Gut, und nochmals vielen Dank. Auf Wiederhören.
Peter: Auf Wiederhören.

Operator: ERGO Limited. Wie kann ich Ihnen helfen?
Sam: Guten Morgen. Könnten Sie mich bitte mit Apparat 326 verbinden?
Operator: Ich werde Sie durchstellen.
Sam: Hallo Peter. Hier ist Sam Brown.
Ich wollte dich **zurückrufen**. Wie geht's?
Peter: Oh, hallo, Sam. Danke für den Rückruf. Hör mal: Ich fürchte, ich kann nicht lange telefonieren,

two minutes' time, so I can't talk long.
Sam: Sorry to disturb you. I'll **keep it short**.
I just wanted **to arrange a meeting**.
When would it suit you?
Peter: When would it be convenient for you?
Sam: Would tomorrow at 3 pm be OK with you?
Peter: Let me check my **diary** (US: **appointment book**).
Could we make it a bit earlier/later?
Sam: Yes, OK.

denn ich habe in wenigen Minuten eine Besprechung.
Sam: Tut mir Leid, dass ich dich störe. Ich **mache** es **kurz**.
Ich wollte nur ein **Treffen** mit dir **vereinbaren**.
Wann würde es dir passen?
Peter: Wann ist es dir angenehm?

Sam: Passt dir morgen um 15 Uhr?
Peter: Lass mich in meinem **Terminkalender** nachsehen.
Ginge es ein wenig früher/später?

Sam: Ja, in Ordnung.

Business trips
Geschäftsreisen

Here we go

Peter Brückner macht eine Geschäftsreise nach Birmingham, wo er einen guten Kunden, Ed Thompson, besucht. Zudem wird Peter sein Unternehmen ERGO Ltd. auf der Fachmesse »PC Times Show« vertreten. Er fliegt von London Heathrow zunächst zum Birmingham International Airport, wo seine Sekretärin Lucy Scott ihm ein Hotelzimmer und einen Mietwagen gebucht hat. Von Birmingham fliegt Peter weiter nach Glasgow, wo ERGO Ltd. soeben eine weitere Produktionsstätte für Textverarbeitungssysteme eröffnet hat. Er fliegt in Begleitung von Ed Thompson, dem er die neue Fabrik auf einem Firmenrundgang zeigt.

Talk Talk Talk

Travel Preparations **Booking a flight**	**Reisevorbereitungen** **Einen Flug buchen**
I'd like to find out about flights to …	Ich möchte mich nach Flügen nach … erkundigen.
Do you have any information on …?	Haben Sie irgendwelche Informationen zu …?
I'm enquiring about …	Ich möchte mich über … erkundigen.
When does the next flight to … leave?	Wann geht der nächste Flug nach …?
When is the next plane to …?	Wann geht die nächste Maschine nach …?
Are there **direct flights** to …?	Gibt es eine **direkte Flugverbindung** nach …?
Do you have a service from … to …?	Fliegen Sie von … nach …?
I'd like a **plane ticket** to …, please.	Ich möchte ein **Flugticket** nach … bitte.

I'd like to book/reserve a flight from London to Birmingham.	Ich möchte einen Flug von London nach Birmingham buchen.
I'd like a morning/an evening/ an afternoon flight.	Ich hätte gerne einen Morgen-/ Abend-/Nachmittagsflug.
I'd like an early/a late flight.	Ich hätte gerne einen frühen/ späten Flug.
Could you book me on an early morning flight from Heathrow?	Können Sie mir einen frühen Morgenflug nach Heathrow buchen?
Can you confirm the return flight?	Können Sie den Rückflug auch gleich bestätigen?
Are there still seats available?	Sind noch Plätze frei?
Is everything really **booked up**?	Ist wirklich alles **ausgebucht**?
And what about the waiting list?	Und wie sieht es mit der Warteliste aus?
When does the plane leave?	Wann fliegt das Flugzeug ab?
When does the plane land/touch down/arrive at ...?	Wann kommt das Flugzeug in ... an?
When is the scheduled **arrival time**?	Wann ist die geplante **Ankunftszeit**?
When is the scheduled **departure time**?	Wann ist die geplante **Abflugzeit**?
Is there an intermediate landing/ stop at ...?	Landet die Maschine in ... zwischen?
Is there a **connecting flight** to ...?	Habe ich **Anschluss** nach ...?
Do I have to change?	Muss ich umsteigen?
Is this a direct flight?	Ist dies ein Direktflug?
No, the flight to ... calls at ...	Nein, der Flug geht über ...
The flight to ... stops over at ...	Das Flugzeug landet noch in ...
Does Buzz or British Airways fly there?	Fliegen Buzz oder British Airways dorthin?
I like/prefer to fly British Airways.	Ich ziehe es vor, mit British Airways zu fliegen.
This flight would get you into ... at .../too late/just in time.	Dieser Flug landet in ... um .../zu spät/gerade rechtzeitig.
How much is the (return) flight to ...?	Wie viel kostet ein Flug nach ... (und zurück)?
What's the free luggage allowance?	Wie viel Gepäck ist frei?

What does **excess luggage** cost? | Was kostet das **Übergepäck**?
How much is the airport service charge? | Wie hoch ist die Flughafengebühr?
When is **check-in time**? | Ab **wann** kann ich **einchecken**?
When do I have to check in? | Wann muss ich einchecken?
How long is the ticket valid? | Wie lange ist der Flugschein gültig?
How do I get to the airport? | Wie komme ich zum Flughafen?
It takes an hour from the airport to the city centre (US: downtown). | Man braucht eine Stunde vom Flughafen zum Stadtzentrum.

Booking a hotel/conference room | **Ein Hotelzimmer/einen Konferenzraum buchen**

Do you have any **vacancies**? | Haben Sie **freie Zimmer**?
I would like to **book a room**. | Ich würde gern ein **Zimmer buchen**.
I'd like to make a reservation for ... | Ich möchte eine Zimmerreservierung vornehmen für ...
I'd like to reserve for the night of ... | Ich möchte ein Zimmer reservieren für die Nacht vom ...
I would need the room for three nights. | Ich bräuchte das Zimmer für drei Nächte.
Will there be a restaurant and a bar? | Gibt es auch ein Restaurant und eine Bar?
I'd like to book/reserve a single/double room with private bath/shower/toilet. | Ich möchte ein Einzel-/Doppelzimmer mit Bad/Dusche und WC buchen.
What facilities do your rooms offer? | Mit welchem Komfort sind Ihre Zimmer ausgestattet?
How much do you charge for a **single**/**double room**? | Wie viel kostet ein **Einzel-**/**Doppelzimmer**?
How much is the room per day? | Wie viel kostet das Zimmer pro Tag?
I'd like to know the price of **a single room with breakfast**/**breakfast and dinner**/**full board**. | Wie viel kostet ein **Einzelzimmer mit Frühstück**/**mit Halbpension**/**mit Vollpension**?
What's the surchage for a single room? | Wie hoch ist der Einzelzimmerzuschlag?

Is everything included?	Ist alles inbegriffen?
Does that include service?	Ist die Bedienung inbegriffen?
Do you have **special rates for business travellers**?	Haben Sie **Sondertarife für Geschäftsreisende**?
Is there a reduction for business travellers?	Gibt es für Geschäftsreisende eine Ermäßigung?
Is breakfast **included in the price**?	Ist Frühstück **im Preis enthalten**?
Does the rate include breakfast?	
Mr Brückner will require continental breakfast served in his room.	Herr Brückner möchte, dass ihm ein kleines Frühstück im Zimmer serviert wird.
What credit cards do you take?	Welche Kreditkarten akzeptieren Sie?
Do you accept credit cards or a cheque?	Akzeptieren Sie Kreditkarten oder Schecks?
Could you please confirm that the rooms we need are available.	Bitte bestätigen Sie, dass die von uns benötigten Zimmer frei sind.
We would like **to place a reservation for a conference room, refreshments and lunch included**.	Wir würden gerne **einen Konferenzraum reservieren, inklusive Erfrischungen und Mittagessen**.
We would like to have a coffee break at 10.00 am.	Wir möchten um 10 Uhr eine Kaffeepause machen.
Do you have a television and video recorder available?	Stehen ein Fernseher und ein Videorekorder zur Verfügung?
We are holding a conference in Birmingham this year, and your hotel was recommended to us by our **associates**. We should like to reserve accommodation and conference facilities for forty sales representatives, who will be attending a two-day conference. We would need the following facilities: full seating, presentation platform, public address system, screen for slides, and full video equipment.	Wir veranstalten in diesem Jahr eine Konferenz in Birmingham und Ihr Hotel wurde uns von unseren **Geschäftspartnern** empfohlen. Wir möchten Unterkunft und Konferenzeinrichtungen für vierzig Verkaufsvertreter buchen, die an einer zweitägigen Konferenz teilnehmen. Wir benötigen folgende Einrichtungen: Sitzplätze für alle Teilnehmer, Podium mit Rednerpult, Lautsprecheranlage, Projektionswand für Dias und eine Videoanlage.

We will supply our own visual display materials.
Please provide confirmation of our booking as soon as possible.
Could you let me have the full address, telephone and fax numbers as well as the e-mail address of your hotel, please?
What is the best way to get to the hotel from the airport/station?
There is a **shuttle bus** to the city centre every thirty minutes.
Is it possible to get further information through the internet?

Wir bringen unsere eigenen visuellen Hilfsmittel mit.
Bitte bestätigen Sie so schnell wie möglich unsere Buchung.
Können Sie mir die vollständige Adresse sowie Telefon- und Faxnummern und die E-Mail-Adresse des Hotels geben?
Wie kommt man am besten vom Flughafen/Bahnhof zum Hotel?
Ein **Pendelbus** fährt alle dreißig Minuten zum Stadtzentrum.
Ist es möglich, über das Internet mehr Informationen zu bekommen?

Making appointments

I'd like **to make an appointment with** ...
Would it be possible to make an appointment with ...?
I would like an appointment to see Mr Ed Thompson, please.
May I come and visit you?
Can we **arrange a meeting**?
I think we should meet.
This is best discussed **face to face**.
How about meeting in London?

What about meeting after the conference?
Would you like to meet for lunch?

I suggest that I come and meet you at the bank, let's say at 12.30 pm.

Termine vereinbaren

Ich möchte **einen Termin machen mit** ...
Ist es möglich, mit ... einen Termin zu vereinbaren?
Ich möchte bitte einen Termin bei Herrn Ed Thompson.
Kann ich Sie besuchen kommen?
Können wir **ein Treffen vereinbaren**?
Ich glaube, wir sollten uns treffen.
Wir sollten es besser **persönlich** besprechen.
Wir wäre es, wenn wir uns in London treffen würden?
Vielleicht können wir uns nach der Konferenz treffen?
Sollen wir zusammen zu Mittag essen?
Ich schlage vor, ich treffe Sie in der Bank um, sagen wir, 12.30 Uhr?

When could we meet?	Wann könnten wir uns treffen?
When would it **suit** you?	Wann würde es Ihnen **passen**?
Is next Monday OK with you?	Passt es Ihnen nächsten Montag?
Let me check my **diary**.	Lassen Sie mich in meinem **Terminkalender** nachsehen.
I'll check with my secretary.	Ich frage bei meiner Sekretärin nach.
I'll just see if I **have** any **appointments** on that day.	Ich sehe nur nach, ob ich an dem Tag irgendwelche **Termine habe**.
Three o'clock next Monday?	15 Uhr nächsten Montag?
I'll see if he's/she's free.	Ich sehe nach, ob er/sie frei ist.
He/She has a meeting in the morning.	Er/Sie hat vormittags eine Verabredung.
Could we make it a bit earlier/later?	Ginge es etwas früher/später?
He won't be back off holiday (US: back from vacation) until next Wednesday.	Er ist bis nächsten Mittwoch im Urlaub.
Should we say Monday at 3 pm?	Sollen wir Montag um 15 Uhr sagen?
How about next Wednesday, the 10th?	Wie wäre es mit nächsten Mittwoch, dem 10.?
Yes, that'll be fine. I'll **make a note in my diary**.	Ja, das passt mir gut. Ich werde es **in meinem Terminkalender notieren**.
Where shall we meet, in your office?	Wo sollen wir uns treffen, in Ihrem Büro?
In the **reception hall** (US: lobby).	In der **Eingangshalle**.

Rearranging appointments / Termine verschieben

Peter: Hello, Ed, this is Peter from ERGO Ltd.	Peter: Hallo Ed, hier ist Peter von ERGO Ltd.
Ed: Hello, Peter, how are you?	Ed: Hallo Peter, wie geht's?
Peter: Fine thanks, how about you?	Peter: Danke, gut. Und dir?
Ed: Not too bad. Very busy, as usual.	Ed: Nicht schlecht. Viel zu tun, wie immer.

Peter: Sorry, to trouble you Ed, but **I can't make it** tomorrow at 3. Can we make it a bit later, let's say 4.30?
Ed: Yes, that'll be fine.
Peter: I'm sorry, but I forgot that I'm **away on a business** trip to Scotland next week. How about Monday the following week?

Ed: No, that's a holiday.
Peter: Oh yes, I overlooked that. On Tuesday then?
Ed: That's OK. At what time?

Peter: About 3 o'clock?
Ed: Fine. Thank you. See you then.

Ed: Ed Thompson speaking.
Peter: Is that you, Ed? This is Peter. I'm just ringing to confirm the arrangements for my business trip next month.
Ed: Ah, yes. Now would you like me to arrange accommodation?
Peter: No, don't worry. My secretary Lucy Scott has booked me in at the Royal Hotel. I stayed there last time and it was quite nice.

Ed: Do you want me to pick you up at the airport?
Peter: Well, that's very kind of you. If you're sure it's no trouble.

Ed: No, not at all. What time does your plane land in Birmingham?
Peter: 11.15 pm, I think, but I'll

Peter: Tut mir Leid, aber **ich schaffe es** morgen **nicht** um 15.00 Uhr. Ginge es etwas später, so gegen 16.30 Uhr?
Ed: Ja, das passt mir gut.
Peter: Tut mir Leid, aber ich habe vergessen, dass ich nächste Woche **auf Geschäftsreise** in Schottland bin. Wie wäre es mit Montag nächster Woche?
Ed: Nein, da ist ein Feiertag.
Peter: Ach ja, das habe ich übersehen. Dann am Dienstag?
Ed: Ja, in Ordnung. Um wie viel Uhr?
Peter: Gegen 15 Uhr?
Ed: Gut. Danke. Bis dann.

Ed: Ed Thompson hier.
Peter: Bist Du es, Ed? Hier ist Peter. Ich rufe an, um meine Termine für meine Geschäftsreise im nächsten Monat zu bestätigen.
Ed: Ah, ja. Soll ich dir eine Unterkunft besorgen?
Peter: Nein, das ist nicht nötig. Meine Sekretärin Lucy Scott hat mir ein Zimmer im Royal Hotel gebucht. Ich war da schon das letzte Mal und ich war zufrieden.
Ed: Soll ich dich am Flughafen abholen?
Peter: Ja, das wäre sehr nett, wenn es dir keine Umstände bereitet.
Ed: Nein, überhaupt nicht. Wann landest du in Birmingham?
Peter: Um 23.15, glaube ich. Aber

fax you the details.

ich faxe dir die genauen Angaben noch durch.

Ed: OK. By the way, have you made any plans for the weekend? Would you like to come for dinner on Saturday night?

Ed: OK. Übrigens, hast du schon irgendwelche Pläne für das Wochenende? Hättest du Lust, am Samstagabend zu uns zum Essen zu kommen?

Peter: Oh, that sounds great. Yes, lovely.

Peter: Oh, das klingt sehr gut. Ja, wunderbar.

Ed: OK. See you at the airport.

Ed: OK. Wir sehen uns dann am Flughafen.

Peter: Goodbye.

Peter: Auf Wiederhören.

At a fair
Asking general questions about a company

Am Messestand
Allgemeine Fragen zu einer Firma

I wonder if you could give me some idea about the size of your company?

Wie groß ist Ihre Firma in etwa?

Could you give me an idea of how many people are employed by your company?

Können Sie mir sagen, wie viele Mitarbeiter Sie haben?

How many people do you have working in your company?

Wie viele Leute arbeiten in Ihrer Firma?

How many countries do you export to?

In wie viele Länder exportieren Sie?

I'd be very much interested to hear what countries you export to.

Es würde mich sehr interessieren zu wissen, in wie viele Länder Sie exportieren.

Where's your company's **main/ head office**?

Wo ist Ihre **Zentrale**?

Does your company have any **branch offices**?

Haben Sie auch **Zweigstellen**?

What is your market share in ...?

Welchen Marktanteil haben Sie in ...?

What exactly does your company do?

Was genau macht Ihr Unternehmen?

I wonder if you could tell me ...?	Ich frage mich, ob Sie mir sagen können ...?

Asking about products	**Sich über Produkte erkundigen**
What exactly is your **product range**?	Wie genau sieht Ihre **Produktpalette** aus?
Can I ask you about your product range?	Kann ich Sie etwas zu Ihren Produkten fragen?
Do you specialise in any particular products?	Haben Sie sich auf bestimmte Produkte spezialisiert?
Could this model be used for ...?	Kann man dieses Modell verwenden für ...?
Is this model suitable for ...?	Ist dieser Typ geeignet für ...?
Do you think this model could be used for ...?	Glauben Sie, dieses Modell könnte man für ... verwenden?
I'm interested in its technical specifications.	Ich bin an den technischen Details interessiert.
How about its capacity?	Wie sieht es mit der Kapazität aus?
What about performance?	Und mit der Leistung?
Is this model **available** in different sizes?	Ist dieses Modell in verschiedenen Größen **erhältlich**?
Is it possible for you to make tailor-made/customised models?	Fertigen Sie auch maßgeschneiderte Produkte an?
Do you think this series could be modified to suit ...?	Glauben Sie, die Serie könnte so abgeändert werden, dass sie an/zu ... passt?

Requesting printed material	**Unterlagen erbitten**
Do you have any brochures I could have?	Haben Sie irgendwelche Broschüren für mich?
Have you got a **brochure**/**leaflet**/**handout** on it?	Haben Sie hierüber eine **Broschüre**/einen **Prospekt**/ein **Handout**?
Perhaps you might have some sales literature you could let me have?	Vielleicht haben Sie ja Verkaufs-/Werbematerial, das Sie mir überlassen könnten?

Finding out identity	**Identität des Gesprächspartners erfragen**
Excuse me, but I didn't quite catch your name.	Entschuldigung, aber ich habe Ihren Namen nicht ganz verstanden.
I'm sorry, what company did you say you worked for/represented?	Entschuldigung, (für) welche Firma, sagten Sie, arbeiten/vertreten Sie?
If you'd just give me your name and address. I'll make sure you get all the information you want as soon as possible.	Wenn Sie mir Ihren Namen und Ihre Adresse geben, dann sorge ich dafür, dass Sie alle Informationen, die Sie brauchen, so schnell wie möglich erhalten werden.
If I could just have your name in our **visitors' book**?	Würden Sie bitte Ihren Namen in unser **Gästebuch** eintragen?
Thanking people for their interest	**Für Interesse an der Firma danken**
It's been very interesting talking to you.	Das war ein interessantes Gespräch.
Thank you for a very interesting discussion.	Vielen Dank für eine wirklich interessante Unterhaltung.
Thanks a lot for the information. I'm sure it'll prove very useful.	Vielen Dank für die Information, die sicherlich von großem Nutzen sein wird.
Yes well, thank you very much indeed for giving me so much to think about.	Vielen Dank für dieses interessante und überaus anregende Gespräch.
(I'm) glad/pleased to have met you.	Es hat mich gefreut, Sie kennen zu lernen.
Nice talking to you. Thank you so much.	Danke für dieses interessante Gespräch.
Referring to future contacts	**In Verbindung bleiben**
Well, if there's anything else you would like to know, why not give me a call later?	Also, wenn Sie noch mehr wissen wollen, dann rufen Sie mich doch ganz einfach an.

We'll be delighted to give all the help/assistance we can.	Wir würden uns freuen, Ihnen jegliche Hilfe/Unterstützung zukommen zu lassen.
We'll send you the **info**/**brochures**/**price lists** later.	Wir werden Ihnen später **Informationen**/**Broschüren**/**Preislisten** zusenden.
Give me a ring next time you're in ...	Rufen Sie an, wenn Sie das nächste Mal in ... sind.
Well, look, if ever you're in ..., why don't you drop in and see us?	Also, hören Sie, wenn Sie irgendwann einmal in ... sind, schauen Sie doch ganz einfach bei uns herein.
I'd be delighted to show you around.	Ich würde mich freuen, Ihnen unsere Firma zeigen zu können.
Let me show you around.	Ich führe Sie gerne herum.
I'm sure we'll be seeing each other again soon.	Ich bin mir sicher, dass wir uns bald wiedersehen werden.
I look forward to seeing you next month.	Ich freue mich, Sie nächsten Monat wiederzusehen.
Keep in touch.	Lassen Sie wieder von sich hören.
Let me give you my card.	Hier ist meine Visitenkarte.
Have you got my phone number/address/e-mail address?	Haben Sie meine Telefonnummer/Anschrift/E-Mail-Adresse?
I don't have a card on me. I'll just write down my phone number/mobile number.	Ich habe keine Visitenkarte bei mir, aber ich schreibe Ihnen gerne meine Telefonnummer/Handynummer auf.
You can reach me on ...	Sie können mich unter ... erreichen.
Let me give you my home number.	Hier ist meine Privatnummer.
Well, I hope we meet again in the very near future.	Ich hoffe, wir sehen uns bald wieder.
I look forward to hearing from you soon.	Ich freue mich, bald wieder von Ihnen zu hören.
I look forward to receiving your offer/price list.	Ich freue mich auf Ihr Angebot/Ihre Preisliste.
Peter: Good morning, can I help you?	Peter: Guten Morgen. Kann ich Ihnen weiterhelfen?

Visitor: It's OK. I'm just looking.

Peter: Well, there's lots to see, it's such a big place.

Visitor: That's true.

Peter: Is this your first time at the fair, Ms ...?

Visitor: Williams. Jane Williams.

Peter: My name's Peter Brückner. Pleased to meet you.

Visitor: Pleased to meet you too.

Peter: Are you looking for anything in particular?

Visitor: Well, actually, we're trying to expand our range of products for our customers and these PCs are quite interesting.

Peter: What's your **type of business**, Ms Williams?

Visitor: We are specialists for customised computer software.

Peter: Well, as you can see we offer quite a range. We're one of the leading British companies in this field and we have very satisfied **customers**.

Visitors: Interesting indeed. What type of prices are we talking about?

Peter: Prices start at 1,000 pounds. Here's our current price list, including VAT.

Visitor: The prices include delivery and installation, don't they?

Besucher: Danke, ich sehe mich nur um.

Peter: Nun, es gibt eine Menge zu sehen. Es ist ziemlich groß hier.

Besucher: Ja, das stimmt.

Peter: Sind Sie zum ersten Mal auf dieser Messe, Frau ...?

Besucher: Williams. Jane Williams.

Peter: Ich bin Peter Brückner. Freut mich, Sie kennen zu lernen.

Besucher: Mich auch.

Peter: Suchen Sie etwas Bestimmtes?

Besucher: Also eigentlich versuchen wir, unsere Produktpalette für unsere Kunden auszubauen und diese PCs sind wirklich interessant.

Peter: In welchem **Geschäftszweig** sind Sie tätig?

Besucher: Wir sind Spezialisten für maßgeschneiderte Software.

Peter: Nun, wie Sie sehen können, ist unser Angebot recht umfangreich. Wir sind eines der führenden britischen Unternehmen auf diesem Gebiet und haben einen überaus zufriedenen **Kundenstamm**.

Besucher: Wirklich interessant. In welchen Preiskategorien bewegen wir uns?

Peter: Die Preise beginnen bei 1.000 Pfund. Hier ist unsere aktuelle Preisliste, inklusive Mehrwertsteuer.

Besucher: Ich nehme an, die Preise beinhalten Lieferung und Installation?

Peter: Yes. Perhaps I could give you our latest catalogue and my **business card**.
Visitor: And here's my card. I'll be in contact. Thank you very much for your time, Mr Brückner.

Peter: Ja. Vielleicht gebe ich Ihnen einfach unseren neuesten Katalog und meine **Visitenkarte**.
Besucher: Und hier ist meine Visitenkarte. Ich werde mich bei Ihnen melden. Vielen Dank für Ihre Zeit, Herr Brückner.

Peter: Not at all. My pleasure, Ms Williams. Have a nice day.
Visitor: You too.

Peter: Keine Ursache. Gern geschehen. Einen schönen Tag noch!
Besucher: Danke, gleichfalls.

Visiting a client
At the reception

Einen Kunden besuchen
Am Empfang

Good morning, I've come to see Mr Thompson, he said he would be free at ...
I have an appointment with Mr Thompson.
I'm here from ...
My name is ... I'm here to see Mr/Ms ...
Is he expecting you?
I'm ... Can you tell me where Mr/Ms ... is, please?
May I see Mr Thompson? He's expecting me.
My secretary made an appointment for me to see Mr Thompson at ...
Good afternoon, I arranged to come and see Mr Thompson ...

Guten Morgen. Ich möchte Herrn Thompson sprechen. Er sagte, er hätte um ... Zeit.
Ich habe einen Termin mit Herrn Thompson.
Ich komme von ...
Ich bin ... Ich möchte Herrn/Frau ... sprechen.
Erwartet er Sie?
Ich bin ... Können Sie mir bitte sagen, wo ich Herrn/Frau ... finde?
Herr Thompson erwartet mich.

Meine Sekretärin hat für mich einen Termin mit Herrn Thompson gemacht.
Guten Tag, ich bin mit Herrn Thompson verabredet.

Peter: Good morning. I have an appointment with Mr Thompson.
Receptionist: I'll just call him. Would you like to take a seat?

Peter: Guten Morgen. Ich bin mit Herrn Thompson verabredet.
Rezeptionist: Ich sage ihm, dass Sie hier sind. Möchten Sie sich nicht setzen?

May I offer you a cup of tea while you're waiting?	Kann ich Ihnen eine Tasse Tee anbieten, während Sie auf ihn warten?
Peter: Yes, please.	Peter: Ja, danke.
Receptionist: If you would like to wait in here, I'll bring the tea.	Rezeptionist: Wenn Sie bitte hier warten, dann bringe ich Ihnen den Tee.

Greeting people for the first time	**Begrüßung von fremden Besuchern**
Mr .../Ms ...?	Herr .../Frau ...?
It's Mr/Ms ..., isn't it?	Dies ist Herr/Frau ..., nicht wahr?
Excuse me, are you ...?	Entschuldigen Sie, sind Sie ...?
Hello, you must be	Hallo, Sie müssen Herr/Frau ... sein.
Pleased to meet you. I'm ...	Freut mich, Sie kennen zu lernen. Ich bin ...
How do you do?	Hallo.
How are you?	Wie geht es Ihnen?

Background Information

»How do you do?« is just another form of greeting, such as »Hello« and is answered by »How do you do?« whereas **»How are you?«** is a real question and request for information. The greeting »How do you do?« is combined with shaking hands only when you meet someone for the first time. The greeting »How are you?« is normally part of a ritual. We don't expect people to reply honestly or in detail. Therefore, in most situations, we don't respond by saying »not so well« or »awful«. Clearly these responses would involve further enquiries!

Talk Talk Talk

Nice to meet you.	Freut mich, Sie zu treffen.
Glad to meet you too.	Schön, Sie kennen zu lernen.

Kind of you to come and meet me.	Nett von Ihnen, dass Sie uns besuchen.
I've been looking forward to meeting you.	Ich habe mich darauf gefreut, Sie kennen zu lernen.

Greeting an acquaintance / Einen Bekannten begrüßen

Hello ... Good to see you again. Nice to see you again.	Hallo, schön, Sie/dich wiederzusehen.
Hello, how are you?	Hallo, wie geht es dir/Ihnen?
How are things?	Wie geht's?
How's it going?	Wie läuft's?
How's work?	Wie ist die Arbeit?
How are you keeping?	Wie geht es Ihnen/dir so?
How are things with you?	Wie geht's bei Ihnen/dir so?
I haven't seen you for a while.	Ich habe dich eine ganze Weile nicht gesehen.
What have you been up to since the last time we met?	Wie ist es dir so ergangen, seitdem wir uns das letzte Mal sahen?
Fine, thanks.	Danke, gut.
I'm very well.	Mir geht es sehr gut.
Great.	Großartig.
On top of the world, thanks.	Mir geht es blendend.
OK, thanks.	Gut, danke.
Not so bad, thanks.	Ganz gut, danke.
I've been busy.	Ich hatte viel zu tun./Ich war viel unterwegs.
Very busy, as usual.	Viel zu tun, wie immer.
Very well. Thank you. How about you?	Sehr gut, danke. Und Ihnen/dir?
Oh, not so bad, you know. And you?	Nicht schlecht, und Ihnen/dir?
Can't complain, thanks.	Kann mich nicht beschweren, danke.
No complaints.	Kein Grund zur Klage.
Hi, ... Pretty good, thanks. And you?	Hallo, ... ziemlich gut. Und selber?
All right. It's been some time.	Gut. Ist schon lange her, dass ich dich/Sie gesehen habe.

Things could be worse.	So lala.
So and so, thanks.	Es geht so.
Well, surviving thanks.	Mittelprächtig.
Not so good, actually.	Eigentlich nicht so gut.
How do you do.	Hallo.

Introducing other colleagues/ meeting business partners	**Kollegen vorstellen/ Geschäftsfreunde treffen**
May/can I introduce my colleague ...	Kann ich Ihnen meinen Kollegen vorstellen.
Allow me to introduce Ken Ross to you.	Gestatten Sie mir, dass ich Ihnen Ken Ross vorstelle.
May I introduce Ken Ross to you?	Darf ich Ihnen Ken Ross vorstellen?
(To the person you're introducing) I'd like you to meet Peter Brückner.	(Zu der Person, die man vorstellt) Ich möchte dir/Ihnen Peter Brückner vorstellen.
I want you to meet Peter Brückner. This is Peter Brückner.	Ich möchte, dass Sie Peter Brückner kennen lernen. Das ist Peter Brückner.
(Then you might say, referring to the others)	(Über die Person, die man vorstellt)
This is Ken Ross.	Und das ist Ken Ross.
Ed: Ken, this is Mr Brückner, from Germany, a new colleague at ERGO Ltd. You'll undoubtedly be seeing more of him.	Ed: Ken, dies ist Herr Brückner, ein neuer Kollege aus Deutschland bei ERGO Ltd. Sie werden ihn zweifellos noch öfters sehen.
Ed: Ken, I would like to introduce you to one of our German partners, Mr Peter Brückner. Peter, Mr Ken Ross, our Marketing Manager.	Ed: Ken, ich würde dir gerne einen unserer deutschen Partner vorstellen. Herr Peter Brückner. Peter, das ist Ken Ross, der Leiter unserer Marketingabteilung.
Peter: Pleased to meet you, Mr Ross.	Peter: Es freut mich, Sie kennen zu lernen, Herr Ross.
Ken: Please, call me Ken.	Ken: Bitte, nennen Sie mich Ken.
Peter: Thank you. Please call me Peter.	Peter: Danke, und ich bin Peter.

Showing somebody round a plant/factory

Ein Firmenrundgang

Peter: This is our main plant. All of our word processors and almost half of our copiers are produced here. The plant only started operating last month.

Peter: Dies ist unsere Hauptproduktionsstätte. Alle unsere Textverarbeitungssysteme und die Hälfte unserer Kopierer werden hier produziert. Wir haben unsere Produktion erst im letzten Monat hier aufgenommen.

Ed: Yes, it's all very modern. How many units can you produce?

Ed: Ja, es ist alles sehr modern. Wie viele Einheiten könnt ihr produzieren?

Peter: Right now we are producing 500 units a week, but when we are **operating at full capacity**, we'll be able to get it up to 800.

Peter: Im Augenblick produzieren wir 500 Einheiten pro Woche, aber wenn wir **voll ausgelastet** sind, werden wir es auf 800 Einheiten bringen.

Ed: That's great. So you won't have any problems completing orders on time.

Ed: Das ist großartig. Also werdet ihr keine Probleme haben, die Aufträge pünktlich zu erfüllen.

Peter: Not for now, but sales are increasing every day. Who knows! Maybe we'll have to open another **plant** before long.

Peter: Im Augenblick nicht, aber die Verkaufszahlen steigen täglich. Wer weiß! Vielleicht müssen wir früher oder später eine weitere **Produktionsstätte** eröffnen.

Perhaps you would like to see the plant in operation/action? It might help if we actually had a look at our plant.

Aber vielleicht möchtest du unsere Maschinen in Betrieb sehen. Ein Firmenrundgang könnte in der Tat aufschlussreich/hilfreich sein.

Perhaps we could begin by ...

Vielleicht sollten wir mit ... beginnen.

Maybe we could start with our **Sales Department**, then we'll visit our plant and we'll be back in time for your meeting at 2.

Vielleicht könnten wir in unserer **Vertriebsabteilung** beginnen, dann anschließend unsere Produktionshallen besuchen und wir werden rechtzeitig für deine Besprechung um 14.00 Uhr wieder zurück sein.

I'm afraid you'll have to wear these **goggles**/**overalls**/this **mask**.
Ich fürchte, du wirst diese **Schutzbrille**/diesen **Overall**/diese **Maske** tragen müssen.

When we're in the factory, please follow me closely/don't touch any of the machines.
Sobald wir in der Fabrik sind, folge mir bitte dicht/bitte berühre keine der Maschinen.

Just stop me if there's anything in particular you'd like to ask.
Unterbrich mich einfach, wenn du etwas genauer wissen möchtest.

In this department, we **manufacture** ...
In dieser Abteilung **produzieren** wir ...

That machine works rather like a ...
Die Maschine arbeitet ähnlich wie ...

It works on the same principle as ...
Sie arbeitet nach dem gleichen Prinzip wie ...

Without going into detail, ...
Ohne ins Detail gehen zu wollen ...

Do you follow? Are you with me?
Verstehst du/Verstehen Sie mich?

I'm afraid I can't tell you this for security reasons.
Leider kann ich dir/Ihnen dies aus Sicherheitsgründen nicht sagen.

I'm afraid we're not authorised to hand out this information.
Leider bin ich nicht dazu berechtigt, darüber Informationen zu geben.

Sorry that it was such a hurried visit.
Es tut mir Leid, dass dies nur ein kurzer Rundgang war.

Sorry that you couldn't see more/everything in the time.
Es tut mir Leid, dass du nicht mehr/nicht alles in der kurzen Zeit sehen konntest.

Sorry about the rush/the smell/the delay/the noise/the incident in the warehouse.
Entschuldige bitte die Eile/den Gestank/die Verzögerung/den Lärm/den Zwischenfall im Lager.

It's been a pleasure to show you round.
Es hat mich gefreut, dass ich dir unsere Firma zeigen konnte.

I'm glad you got some idea of what we do.
Ich freue mich, dass Sie/du nun eine Vorstellung von unserer Firma haben/hast.

I hope it gave you some idea of our processes.
Ich hoffe, Sie haben nun eine Vorstellung von unserer Vorgehensweise.

I hope you found it interesting.
Ich hoffe, Sie fanden es interessant.

Interviews
Vorstellungsgespräche

Here we go

Obwohl Lucy Scott gerne für Peter Brückner Arbeiten erledigt, hat ERGO Ltd. beschlossen, für Peter eine eigene Sekretärin einzustellen. Nachdem die Stellenanzeige in verschiedenen überregionalen britischen Zeitungen, u. a. in *The Times*, *The Independent* und *The Guardian* erschienen ist, häufen sich nun die Bewerbungsschreiben auf Peters Schreibtisch. Die ungeeigneten Bewerber erhalten sofort eine Absage. Bei der näheren Auswahl unterteilt Peter die Bewerber in solche, die zu einem ersten Auswahlgespräch eingeladen werden und solche, die bereits in die engere Wahl kommen.

Talk Talk Talk

Opening the interview	**Das Vorstellungsgespräch einleiten**
I am phoning you on behalf of the **Personnel Manager** to ask if you could come to our offices on 19 November at 10.00 for a **job interview**.	Ich rufe an, um Sie im Namen unseres **Personalchefs** zu einem **Vorstellungsgespräch** am 19.11. um 10 Uhr in unseren Büroräumen einzuladen.
Please come in.	Bitte kommen Sie herein.
Do come in.	Treten Sie ein.
Please sit down.	Bitte setzen Sie sich.
Do have a seat.	Bitte nehmen Sie Platz.
Make yourself comfortable.	Machen Sie es sich bequem.
Allow me to introduce.../	Darf ich Ihnen .... vorstellen?
This is our Personnel Manager.	Dies ist unser Personalchef.
I'd like to go into more detail about your **CV**.	Ich möchte etwas näher auf Ihren **Lebenslauf** eingehen.

Background Information

Referring to the CV/letter of application

A CV – Curriculum Vitae – is a written »Lebenslauf«. A CV should be brief and to the point. Remember that your CV may be one of a dozens received, so it must stand out from the others. Don't forget you are trying to sell yourself, both in the CV and the covering letter. It is therefore up to you to do a good marketing campaign which helps companies to see quickly the type of person you are, and how you can be of use to them. But avoid any eye-catching tricks along the lines of »I'm just the person your company has been looking for«. Make sure there are no inexplicable gaps and also ensure that every claimed qualification can be supported by the necessary certificates or diplomas. Your CV must attract interest, yet leave things to say at the interview and encourage the reader to want to meet you. In English-speaking countries, it is usual to give the names, addresses and telephone numbers of people who can give information about your character and ability.

Talk Talk Talk

Questions put to the applicant	**Fragen an den Bewerber**
Could you tell us more about …	Könnten Sie uns etwas mehr über … sagen?
You say/I see in your CV/**letter of application** that …	In Ihrem Lebenslauf/**Bewerbungsschreiben** sagen Sie, dass …
Could you tell us a little more?	Könnten Sie uns ein bisschen mehr über … sagen?
I gather from your CV that …	Ihrem Lebenslauf entnehme ich, dass …
Could you tell us why you want to come here/work for us?	Warum möchten Sie für uns arbeiten?
What do you know about our company?	Was wissen Sie von unserer Firma?

What does our company offer for you?	Was bietet Ihnen unsere Firma?
What attracts you to this post?	Warum haben Sie sich für diese Stelle beworben?
What exactly do you do in your present job?	Was genau machen Sie in Ihrem jetzigen Job?
Who are you responsible to?	Wem unterstehen Sie?
Who is your **boss**?	Wer ist Ihr **Vorgesetzter**?
What are you responsible for?	Was ist Ihr Verantwortungsbereich?
What's your **daily schedule**?	Wie sieht ihr **Tagesablauf** aus?
Are you happy with your job?	Sind Sie mit Ihrem Beruf zufrieden?
What did you enjoy most at university?	Was fanden Sie an der Universität am interessantesten?
Would you be prepared to learn another **foreign language**?	Wären Sie bereit, eine weitere **Fremdsprache** zu lernen?
What has given you the greatest satisfaction to date in your current or previous **employment**?	Was war Ihr größtes Erfolgserlebnis in Ihrer jetzigen oder früheren **Stelle**?
When did you pass your accountancy **exams**?	Wann bestanden Sie Ihre **Prüfung** als Buchhalter/in?
When did you leave your last job?	Wann haben Sie Ihren letzten Job verlassen?
What made you leave your last company?	Warum haben Sie Ihre vorherige Firma verlassen?
Does your present employer know you plan to leave?	Weiß Ihr jetziger Arbeitgeber, dass Sie beabsichtigen, aufzuhören?
What would you do if ...?	Was würden Sie machen, wenn ...?
Let's suppose that you are the ... Manager of our firm. What would you do if ...?	Lassen Sie uns annehmen, Sie seien der ... Manager unserer Firma. Was würden Sie machen, wenn ...?
Let's pretend you're the Personnel Manager. I'd like you to interview me!	Angenommen, Sie seien der Personalleiter. Ich möchte, dass Sie mir Fragen stellen.
How do you feel you can help our company?	Wie glauben Sie, können Sie von Nutzen für unsere Firma sein?

What makes you think you can be of use to us?	Wie glauben Sie könnten Sie für unser Unternehmen von Vorteil/ Nutzen sein?
How do you think you can contribute to this post?	Wie glauben Sie können Sie sich in dieser Stelle einbringen?
What **special talents** can you offer us?	Welche **besonderen Talente** können Sie uns anbieten?
Why should we give you the job?	Warum sollten wir Ihnen die Stelle geben?
Don't you think you are too old/ young to work for us?	Glauben Sie nicht, Sie seien zu alt/jung für diese Tätigkeit?
What, in your opinion, are your **strong** and **weak points**?	Was sind Ihrer Meinung nach Ihre **Stärken** und **Schwächen**?
Have you ever had culture shock?	Hatten Sie schon jemals einen Kulturschock?
If you lived **overseas**, what would you miss from your home country?	Wenn Sie im **Ausland** leben würden, was würden Sie am meisten vermissen?
Which **business newspaper** do you read?	Welche **Wirtschaftszeitung** lesen Sie?
Which information from the newspaper is important for you?	Welche Information aus der Zeitung ist für Sie relevant?
What sort of work do you see yourself doing for us?	Wie stellen Sie sich Ihr Arbeitsfeld in unserem Unternehmen vor?
Don't you feel this job is more suited to a woman/man?	Glauben Sie nicht, dass diese Arbeit eher für eine Frau oder eher für einen Mann geeignet ist?
What sort of salary are you thinking of/do you have in mind?	Welche Gehaltsvorstellungen haben Sie?
When do you think you'll be **promoted**?	Wann glauben Sie, werden Sie **befördert**?
Where do you want to be in five years' time?	Welche Position wollen Sie in 5 Jahren haben?
What career do you have in mind?	Welche Karrierevorstellungen haben Sie?
Briefly explain how you see your **career** developing over the next five years.	Skizzieren Sie bitte kurz die Entwicklung Ihrer **Karriere** für die nächsten fünf Jahre.

How do you plan to attain your career goals?
Wie planen Sie, Ihre Karrierevorstellungen zu verwirklichen?

What **career prospects** do you have?
Welche **Karriereaussichten** haben Sie in Ihrem Beruf?

Do you intend to make your career with us?
Sind Sie an einem beruflichen Aufstieg bei uns interessiert?

Do you like travelling?
Reisen Sie gerne?

Are you prepared to travel?
Wären Sie bereit, geschäftlich zu reisen?

When did you start your present job?
Seit wann arbeiten Sie in Ihrem jetzigen Beruf?

Where do you live now?
Wo wohnen/leben Sie?

Do you have a family?
Haben Sie Familie?

Do you intend having a family in the next three years?
Beabsichtigen Sie, innerhalb der nächsten drei Jahre eine Familie zu gründen?

What do you do in your spare time?
Was machen Sie in Ihrer Freizeit?

How soon could you start work if appointed?
Wann könnten Sie Ihre Stelle antreten?

Presenting oneself in a positive light
Sich positiv darstellen

I'm a **trained secretary**, but in my current job I feel that I'm going nowhere fast.
Ich bin **gelernte Sekretärin**, aber in meiner jetzigen Stelle habe ich keine Entfaltungsmöglichkeiten.

I'm interested in developing my professional skills.
Ich würde gerne meine beruflichen Fähigkeiten weiterentwickeln.

I would like more scope.
Ich brauche mehr (Entfaltungs-) Möglichkeiten.

I'm looking for a more challenging position.
Ich suche eine größere berufliche Herausforderung.

I feel I would respond well to such a challenging post.
Ich würde mit dieser beruflichen Herausforderung sehr gut zurechtkommen.

This job is a real **challenge**, I believe.
Ich denke, diese Stelle ist eine echte **Herausforderung**.

I'm willing to work **overtime** if the need arises.	Ich bin, wenn nötig, bereit, **Überstunden** zu machen.
I'm willing to do relevant **evening courses**.	Ich bin bereit, **Abendkurse** zu besuchen.
In my opinion I have got a lot to offer:	Meines Erachtens habe ich viel zu bieten:
I'm good at working with people, I have no problems with strangers and difficult customers and I'm able **to work on my own**.	Ich kann gut mit Menschen umgehen, finde leichten Zugang zu Fremden und schwierigen Kunden und bin an **selbstständiges Arbeiten** gewöhnt.
I would describe myself as calm, serious-minded and able to work under pressure.	Ich würde mich selber als ruhig und ernst beschreiben und bin in der Lage, unter Stress zu arbeiten.
As you can see from my curriculum vitae, I have ... years of experience as a ...	Wie Sie meinem Lebenslauf entnehmen können, habe ich ... Jahre Erfahrung als ...
I'm a good **team worker**.	Ich bin in der Lage, **in einem Team** zu **arbeiten**./Ich bin **teamfähig**.
I have good **computer skills**.	Ich habe gute **Computerkenntnisse**.
I speak several foreign languages.	Ich spreche mehrere Fremdsprachen.
I would also welcome the opportunity to learn.	Ich bin für jede Gelegenheit, dazuzulernen, dankbar.
My job title is ...	Meine Jobbezeichnung lautet ...
What I basically/mainly do is ...	Mein Aufgabengebiet umfasst grundsätzlich/hauptsächlich ...
I report to .../I'm responsible to ...	Ich unterstehe ...
I'm responsible for ...	Ich bin für ... zuständig.

Questions asked by the applicant / Fragen des Bewerbers

How soon would I have to start work, if appointed?	Wann könnte ich anfangen?
What is the **annual holiday** entitlement?	Wie viele **Urlaubstage im jahr** gewähren Sie?
How long is the **probation period**?	Wie lange ist die **Probezeit**?

Would there be an opportunity to work **abroad**?
Besteht die Möglichkeit, **im Ausland** zu arbeiten?

Is there the possibility of in-service training courses?
Besteht die Möglichkeit, an Fort-/Weiterbildungsmaßnahmen teilzunehmen?

Could you show me around your company?
Können Sie mir die Firma zeigen?

How long will it be until I hear from you again?
Wann werde ich von Ihnen hören?

Working hours / **Arbeitszeiten**

What kind of **working hours** would the job entail?
Was für **Arbeitszeiten** würde der Job beinhalten?

What would be my hours?
Wie sehen Ihre Arbeitszeiten aus?

I wouldn't mind at all working on Saturdays.
Es würde mir nichts ausmachen, samstags zu arbeiten.

I'm willing to work overtime, if the need arises.
Wenn nötig, bin ich bereit, Überstunden zu machen.

I wouldn't want to work seven days a week.
Ich möchte nicht sieben Tage in der Woche arbeiten.

Do you have flexitime positions available?
Bieten Sie auch Gleitzeit an?

That would be of interest to me in particular. My husband works part-time as a teacher, so we need to juggle our working hours to pick up our children from school.
Das wäre nämlich für mich besonders interessant. Mein Mann arbeitet halbtags als Lehrer, so dass wir unsere Arbeitszeiten so koordinieren müssen, dass wir die Kinder von der Schule abholen können.

We have introduced **flexitime** in our office, but the majority nevertheless **work nine to five**.
Wir haben **Gleitzeit** eingeführt, aber die meisten **arbeiten** trotzdem **von neun bis fünf**.

We also have flexitime positions available.
Wir können Ihnen auch Gleitzeit anbieten.

As a secretary, we would employ you to work Monday to Friday, **office hours**.
Als Sekretär/in würden wir Sie von Montag bis Freitag zu den normalen **Bürozeiten** beschäftigen.

We are finding it difficult to find enough people to work the **night shift**.

Es ist schwierig für uns, genügend Leute zu finden, die während der **Nachtschicht** arbeiten.

Would you be prepared to do night shifts/**long hours**/**overtime**?

Wären Sie bereit, während der Nachtschicht zu arbeiten/**Überstunden** zu **machen**?

We cannot offer this position as anything other than a **full-time**/**part-time job**.

Wir können Ihnen diese Stelle nur als **Ganztags-**/**Halbtagsstelle** anbieten.

When you arrive in the morning, you must **clock on**.

Wenn Sie morgens ankommen, müssen Sie **einstempeln**.

Don't forget to **clock off** for lunch and on your way out in the evening.

Vergessen Sie nicht, **auszustempeln**, wenn Sie zum Mittagessen und nach Hause gehen.

Negotiating pay

Über das Gehalt verhandeln

What would my **monthly pay**/**salary** be?

Wie hoch ist mein **Monatsgehalt**?

When do you pay the **salary**?

Wann zahlen Sie das **Gehalt**?

In which **salary bracket** would the job be?

Nach welcher **Gehaltsgruppe** wird der Job bezahlt?

Is there the possibility of a **salary increase**?

Besteht die Aussicht auf eine **Gehaltserhöhung**?

Does your company have any pension schemes/pension plan?

Hat Ihre Firma eine Altersvorsorge?

Do you offer **fringe benefits**/**an annual bonus at Christmas**/**bonus payment**?

Bieten Sie **zusätzliche soziale Leistungen**/**Weihnachtsgeld**/**Prämienzahlungen** an?

Would I receive **travelling expenses** for my business trips?

Bekomme ich **Reisespesen** für meine Geschäftsreisen?

If I go on business trips, will you pay all the expenses?

Bezahlen Sie alle Ausgaben, die während meiner Geschäftsreise entstehen?

My present appointment carries an annual salary of 20,000 pounds. I feel, however, that my qualifications and the **nature of** my **work**

Meine derzeitige Stelle ist mit einem Jahreseinkommen von 20.000 Pfund dotiert. Ich denke jedoch, dass meine fachliche

justify a higher salary and I have already been offered a similar position with another company at a salary of 22,000 pounds per annum.

Qualifikation und mein **Aufgabenfeld** ein höheres Gehalt rechtfertigen und eine andere Firma hat mir bereits für die gleiche Stelle ein Jahreseinkommen von 22.000 Pfund zugesichert.

Finishing the interview

Das Gespräch beenden

Any further information you would like to add in support of your application?
Möchten Sie Ihrer Bewerbung noch irgendetwas hinzufügen?

Do you have some questions which you'd like to ask?
Haben Sie noch Fragen an uns?

I think we've covered just about everything. Thank you very much.
Ich denke, wir haben alle Fragen geklärt. Vielen Dank.

If you have no further questions, I think we'll close things here.
Wenn Sie keine weiteren Fragen haben, können wir das Gespräch jetzt beenden.

We'll be **getting in touch with you** shortly/within the next two weeks.
Wir werden uns bald/innerhalb der nächsten 2 Wochen **mit Ihnen in Verbindung setzen**.

You will hear from us in a week or so.
Wir werden Ihnen in ungefähr einer Woche Bescheid geben.

We'll **inform** you of our decision by letter/phone in the next ten days.
Wir werden Sie innerhalb der nächsten 10 Tage anschreiben/anrufen und Ihnen unsere Entscheidung **mitteilen**.

We'll be contacting you as soon as/once a decision has been taken.
Wir kontaktieren Sie, sobald wir eine Entscheidung getroffen haben.

Personnel Director: Which one do you like best, Peter?
Personalchef: Welche/r der Kandidaten/innen hat dir am besten gefallen, Peter?

Peter: All three are **well-qualified** for the job, but the second one, I think her name was Hazel Smith, has a little more experience in
Peter: Alle drei waren **hochqualifiziert** für die Stelle, aber die zweite, ich glaube ihr Name war Hazel Smith, hat etwas mehr

clerical work – and she asked a lot of good questions. Moreover, she knows what is expected of her and she's got ambition ...

Personnel Director: Yes, I agree. Her answers were very sensible, and she **looked right for the job**, very smartly dressed.

Do you think you'd like to see more **candidates**?

Peter: I don't think so – not right now.

Can we get Ms Smith back for a **second interview**? I have a feeling she'll work out well.

Personnel Director: OK, I'll let you know as soon as I've contacted her.

Peter: Thank you. You've been a big help.

Erfahrung mit **Büroarbeiten** – und sie hat ziemlich gute Fragen gestellt. Außerdem weiß sie, was man von ihr erwartet und sie hat Ehrgeiz ...

Personalchef: Ja, du hast Recht. Ihre Antworten waren sehr vernünftig und sie **schien für die Stelle geeignet**, sehr gut gekleidet.

Möchtest du noch weitere **Bewerber** interviewen?

Peter: Nein, ich glaube im Augenblick nicht.

Können wir Frau Smith zu einem **Folgegespräch** einladen? Ich glaube, dass sie die Richtige ist.

Personalchef: Gut. Ich sage dir Bescheid, sobald ich sie kontaktiert habe.

Peter: Vielen Dank. Du warst eine große Unterstützung.

Auf einen Blick: Formulierungen für die Geschäftskorrespondenz

Letter-head	**Briefkopf**
Address	**Anrede**
Dear Sir or Madam	Sehr geehrte Damen und Herren
Dear Mr .../Ms ...	Sehr geehrte/r Herr .../Frau ...
For the attention of (FOA)	zu Händen (z. Hd.)
Reference (RE)	Betreff
I am writing in response to your invitation ...	Ich schreibe Ihnen als Antwort auf Ihre Einladung ...
This is to inform you that ...	Hiermit möchten wir Sie darüber informieren, dass ...
I regret to inform you that ...	Ich bedauere, Ihnen mitteilen zu müssen, dass ...

Conventional endings	**Schlussformeln**
Many thanks for your assistance.	Vielen Dank für Ihre Hilfe.
My thanks/Thank you very much for your kind offer.	Danke für Ihr freundliches Angebot.
Please find enclosed ...	Anbei finden Sie/Als Anlage senden wir Ihnen ...
Should you require any further information/If you need more information, please do not hesitate to contact us.	Sollten Sie noch weitere Informationen benötigen, bitte zögern Sie nicht, uns zu kontaktieren.
Should you have any further queries on the subject, please feel free to call me.	Wenn Sie Fragen zu diesem Thema haben, rufen Sie mich bitte an.
I look forward to hearing from you soon.	Ich freue mich, bald von Ihnen zu hören.
I look forward to meeting you in person.	Ich freue mich darauf, Sie persönlich kennen zu lernen.
We look forward to your visit.	Wir freuen uns auf Ihren Besuch.
Yours sincerely,	Mit freundlichen Grüßen (*bei persönlicher Anrede*)

Yours faithfully	Mit freundlichen Grüßen (*bei unpersönlicher Anrede*)
Encl./Encls.	Anlage/n

Enquiry	**Anfrage**
We have seen your advertisement in the (name of journal)	Wir haben Ihre Anzeige/Annonce in ... gesehen
We learned from ... that you are manufacturers of ...	Wir haben von ... erfahren, dass Sie Hersteller von ... sind.
Please quote your lowest/keenest prices for ...	Bitte nennen Sie uns Ihre günstigsten Preise für ...
Please send us a **quotation** for ...	Bitte machen Sie uns ein **Angebot** über ...
Please let us know what your **terms of trade** are.	Bitte nennen Sie uns Ihre **Geschäftsbedingungen**.
We should like to have your illustrated catalogue/brochure and latest price list.	Für die Zusendung Ihres illustrierten Katalogs/einer Broschüre/der gegenwärtigen Preisliste, wären wir Ihnen dankbar.
We should be pleased if you would send us particulars of ...	Wir wären Ihnen dankbar, wenn Sie uns Einzelheiten zu ... senden würden.
We hope to hear from you soon.	Wir hoffen, bald von Ihnen zu hören.

Offer	**Angebot**
Thank you for your enquiry.	Vielen Dank für Ihre Anfrage.
In response to your **enquiry** of ..., we enclose details of our terms of sale and our price list.	Wir beziehen uns auf Ihre **Anfrage** vom ... und senden Ihnen in der Anlage Einzelheiten zu unseren Verkaufsbedingungen sowie unsere Preisliste.
Please find enclosed our brochure and current price list.	Als Anlage finden Sie unsere Broschüre und aktuelle Preisliste.
We are pleased to quote as follows:	Wir machen Ihnen folgendes Angebot:

We thank you for your enquiry of ..., and are pleased to submit the following offer/to quote as follows: This offer is subject to acceptance.

Wir danken Ihnen für Ihre Anfrage vom ... und erlauben uns, Ihnen folgendes Angebot zu machen: Dieses Angebot gilt bei Bestellung.

Order

Auftrag

We would like to/We are pleased to place the following order:

Wir möchten gerne wie folgt bestellen:

We thank you for your offer of (date) and are pleased to place the following order:

Wir danken Ihnen für Ihr Angebot vom ... und bestellen wie folgt:

Please enter the following order for immediate delivery:

Hiermit machen wir folgende Bestellung mit der Bitte um umgehende Lieferung:

Please send us the following items by return.

Bitte senden Sie uns umgehend die folgenden Posten:

Please find enclosed our order no ... for ...

Anbei unsere Bestellung Nr. ... über ...

Acknowledgement

Auftragsbestätigung

We thank you for your order of ...

Wir danken Ihnen für Ihre Bestellung vom ...

We are pleased to acknowledge the receipt of your order.

Hiermit bestätigen wir dankend den Eingang Ihrer Bestellung.

We are pleased to acknowledge your order.

Wir haben uns über Ihren Auftrag gefreut.

Delivery

Lieferung

These goods were sent on ...

Die Waren sind am ... abgegangen.

We are pleased to advise you that your order no of ... has been **despatched** by rail this morning.

Wir freuen uns, Ihnen mitteilen zu können, dass die Waren laut Ihrem Auftrag vom ... heute Morgen mit dem Zug **abgegangen** sind.

Non-delivery	Lieferverzug
The delivery of our order no ... is now 10 days **overdue**. Having waited three weeks for delivery, I regret to say that your **delay in delivery** is causing us serious inconvenience.	Die Lieferung unserer Bestellnummer ... ist schon 10 Tage **überfällig**. Nachdem wir nun schon drei Wochen vergeblich auf unsere Waren gewartet haben, bringt uns Ihr **Lieferverzug** in eine schwierige Lage.
We trust you will see to the delivery as soon as possible.	Wir hoffen, dass Sie die Lieferung schnellstens auf den Weg bringen werden.
Due to a shortage of qualified labour/a strike/a fire in our factory we shall require ... to complete the order.	Wegen eines Mangels an qualifizierten Arbeitskräften/eines Streiks/eines Brandes in unserer Fabrik werden wir noch ... brauchen, um Ihren Auftrag auszuführen.
We are sorry that a slight delay will be unavoidable/inevitable.	Eine geringfügige Verzögerung ist leider unvermeidlich.

Payment	Zahlung
Enclosed please find invoice no ... for the goods delivered on ... The total amount **payable** is ...	Anbei finden Sie Rechnung Nr. ... für die am ... gelieferten Waren. Der **zu zahlende** Gesamtbetrag ist ...

Delays in payment	Mahnung
We are writing to remind you/We regret to have to remind you that the settlement of the above invoice no ... is already four weeks overdue.	Wir möchten Sie (mit Bedauern) daran erinnern, dass Rechnung Nr. ... bereits 4 Wochen überfällig ist.
According to our records the above amount of € ... of/dated (date) has not yet been paid/settled.	Unseren Unterlagen zufolge, ist der Betrag von ... € noch nicht beglichen.

Would you please **settle your balance** which has been outstanding since ...
Obviously your delay in payment must be due to an oversight.

Würden Sie bitte Ihre **Rechnung begleichen**, die seit ... offen steht.
Wir nehmen an, dieser Zahlungsverzug beruht auf einem Versehen Ihrerseits.

We look forward to receiving your **remittance** asap.
We shall be obliged to take legal action if you don't attend to this account immediately.

Wir freuen uns, Ihre **Überweisung** schnellstmöglich zu erhalten.
Wir sehen uns gezwungen, rechtliche Schritte einzuleiten, wenn Sie Ihr Konto nicht umgehend begleichen.

Replies to a letter of reminder

Antwort auf eine Mahnung

I apologise for not clearing the balance earlier.

Bitte entschuldigen Sie, dass wir unser Konto nicht früher beglichen haben.

Sorry I didn't pay you earlier.

Bitte entschuldigen Sie die Verzögerung.

Please accept our apologies for the delay.
We should like another month to settle.

Wir möchten Sie um einen Monat Aufschub bitten.
Wir können erst nächsten Monat zahlen.

Complaints
Damaged goods

Beschwerden
Beschädigte Waren

I am writing to complain about ...

Ich möchte mich über ... beschweren.

We thank you for your promptness in delivering the goods. We regret, however, to have to inform you that the PCs were in a badly damaged state on arrival.
We assume that the damage is due to bad/wrong/inadequate packing.

Wir danken Ihnen für Ihre prompte Lieferung, doch wir müssen Ihnen leider mitteilen, dass die PCs bei uns in einem stark beschädigten Zustand ankamen.
Der Schaden ist anscheinend auf schlechte/falsche/ungenügende Verpackung zurückzuführen.

Please send us replacement for the damaged goods as soon as possible.

Bitte senden Sie uns so schnell wie möglich Ersatz für die beschädigten Waren.

Wrong quality

Falsche Qualität

After careful examination of the goods we found that they were faulty/did not match the samples/were of inferior quality.

Nach genauer Prüfung der Waren stellten wir fest, dass sie beschädigt waren/nicht den Probemustern entsprachen/von schlechter Qualität waren.

The products are not satisfactory.

Die Qualität der Produkte war nicht zufrieden stellend.

Wrong quantity

Falsche Menge

On checking the contents we noticed a shortage/surplus of ...

Nach Prüfung der Lieferung stellten wir fest, dass uns zu wenig/zu viele .... gesandt wurden.

Error in invoice

Fehler in der Rechnung

Our invoice no .... for ... has been **debited** twice.
We would like a refund.
Your **statement of account**, which we received yesterday, appears to have a number of errors which refer to items we did not order.

Unsere Rechnung Nr. ... wurde zweimal abgebucht.
Wir bitten um Gutschrift.
Der **Kontoauszug**, den Sie uns gestern zusandten, scheint eine Reihe von Fehlern zu enthalten, die sich auf Waren beziehen, die wir nicht bestellt haben.

Banking
Customer

Bankangelegenheiten
Kunde

We have our **business account** with ...
Kindly inform us about your conditions regarding **interest rates**,

Wir haben unser **Geschäftskonto** bei ...
Bitte teilen Sie uns Ihre Bedingungen hinsichtlich **Zinsen**, **Konto-**

service charges and **handling fees**. — **führungs-** und **Bearbeitungsgebühren** mit.

As initial deposit on our new account we enclose a cheque for ... — Als Ersteinlage unseres neu eröffneten Kontos finden Sie anbei einen Scheck über ...

We enclose specimen signatures of the persons authorised to sign cheques on our behalf. — Wir fügen Probeunterschriften der zur Unterzeichnung von Schecks berechtigen Personen bei.

As account No ... is no longer needed, we would ask you to close it and to transfer the closing balance to account No ... — Da Konto Nr. ... nicht länger benötigt wird, bitten wir Sie um Auflösung und Transfer des Endsaldos auf Konto Nr. ...

I should be grateful if you could arrange to **grant** me **a loan** of € ... for a period of three years. — Ich wäre Ihnen dankbar, wenn Sie mir **einen Kredit** über ... € für einen Zeitraum von drei Jahren **gewähren** könnten.

You will have to pay **bank charges** if your account is overdrawn. — Sie müssen **Bankgebühren** zahlen, wenn Sie Ihr Konto überziehen.

I'm afraid we cannot extend your **overdraft**. — Leider können wir Ihren **Überziehungskredit** nicht verlängern.

Letter of application — Bewerbungsschreiben

(Applications in answer to a job advertisement) — (Bewerbungen auf eine Stellenanzeige)

Dear Sir or Madam — Sehr geehrte Damen und Herren,

Dear Mr/Ms — Sehr geehrte Frau .../Herr ...

I should like to apply for the post of ... advertised recently in ... — Ich möchte mich um die Stelle der/des ..., die ich kürzlich in ... annonciert sah, bewerben.

Please find enclosed a complete curriculum vitae and application form. — Anbei finden Sie meinen vollständigen Lebenslauf und Bewerbungsschreiben.

I would like to apply for the post of ... which I saw advertised in ... — Hiermit bewerbe ich mich um die Stelle einer/eines ..., die ich im ... annonciert sah.

I have seen your advertisement for ... in the ..... and would like to — Ich sah Ihre Stellenanzeige in der/dem ... und möchte mich für

apply for the post.

die Stelle einer/eines ... bewerben.

(Speculative application)
I am very interested in the type of work done by your company, and am at present looking for a post in this particular **sector of industry**.
As you will see from my CV, I have some experience in this field, and would appreciate the opportunity of explaining how I feel I can be of use to your company.

(Blindbewerbung)
Ich interessiere mich für die Arbeit Ihres Unternehmens und suche derzeit nach einer Stelle in diesem **Industriezweig**.
Wie Sie meinem Lebenslauf entnehmen können, habe ich Erfahrung in diesem Bereich und würde mich freuen, mit Ihnen über meinen Nutzen für Ihr Unternehmen zu diskutieren.

Example endings

Schlussformeln

I look forward to hearing from you and to being granted the opportunity of an **interview**.
I trust you will consider my application favourably and grant me an interview to discuss the post in more detail.
I hope there might be an opportunity for a personal discussion.

Ich würde mich über die Einladung zu einem persönlichen **Vorstellungsgespräch** sehr freuen.
Ich hoffe, Sie werden mir die Gelegenheit geben, meine Fähigkeiten in einem Gespräch näher zu erläutern.
Ich würde mich über eine Einladung zu einem Gespräch freuen.

I look forward to the opportunity of attending an interview, at which I can provide further details.

Ich würde mich freuen, wenn ich weitere Einzelheiten in einem persönlichen Gespräch mit Ihnen diskutieren könnte.

I should be pleased to attend an interview at any time which is convenient to you. I can be contacted at the telephone given or through my e-mail address. I look forward to hearing from you.

Ich würde mich über die Einladung zu einem Vorstellungsgespräch freuen. Ich kann unter der angegebenen Telefonnummer oder auch per E-Mail erreicht werden. Ich würde mich freuen, bald von Ihnen zu hören.

Invitation to attend for interview

Thank you for your recent application for the post of ... We would like to invite you for an interview with our Personnel Manager on Friday, 26 May at 10 am. Will you please let me know either by phone or e-mail whether this appointment will be convenient for you.

Termin und Einladung

Vielen Dank für Ihre Bewerbung um die Stelle einer/eines ... Wir würden Sie gerne in einem persönlichen Gespräch am Freitag, den 26. Mai um 10 Uhr kennen lernen. Bitte teilen Sie mir telefonisch oder per E-Mail mit, ob Sie den Termin wahrnehmen können.

Offers of appointment

I am pleased to offer you the post of ... in our ... Department at a starting salary of ... pounds per month.

Your duties are to commence on ...
Enclosed are two copies of the **contract of employment**.
Please sign one copy and return it to the **Personnel Department** asap.

Stellenangebote

Ich freue mich, Ihnen die Stelle einer/eines ... in unserer ... -Abteilung anbieten zu können.
Das Anfangsgehalt beträgt ... Pfund monatlich.
Arbeitsbeginn ist der ...

Anbei finden Sie zwei Kopien Ihres **Arbeitsvertrages**, von denen Sie bitte eine so bald wie möglich unterschrieben an unsere **Personalabteilung** zurücksenden.

Polite refusal letters

I have read your letter and curriculum vitae with much interest but am sorry to tell you that you have not been selected for interview on this occasion.

We have had a very large number of applications and have been able to identify several candidates

Absagen

Ich habe Ihre Bewerbung und Ihren Lebenslauf mit großem Interesse gelesen, doch leider muss ich Ihnen mitteilen, dass Sie nicht zu einem Auswahlgespräch eingeladen wurden.
Wir hatten eine sehr große Anzahl an Bewerbern, von denen einige für die fragliche Stelle eine ge-

whose background and experience are more closely matched to our specific requirements than your own. Many thanks for your interest and for the time you have taken in forwarding your application.

eignetere Qualifikation vorweisen konnten als Sie.

Ich danke Ihnen ganz herzlich für das Interesse an unserer Firma und wünsche Ihnen für Ihren weiteren beruflichen Weg viel Erfolg.

Refusals to cold letters

Many thanks for your recent letter and enclosed CV. Unfortunately, we do not have any suitable opportunities for you at the moment. However, we are quite impressed by your **skills** and it occurs to us that this may be of interest to one of our associated companies. I have, therefore, passed your papers on to them.

Absage bei Blindbewerbungen

Vielen Dank für Ihre Bewerbung mit Lebenslauf. Leider haben wir jedoch keine geeigneten Stellen frei. Doch sind wir von Ihren **Fähigkeiten** so beeindruckt, dass wir Ihre Bewerbungsunterlagen an ein uns verbundenes Unternehmen weitergeleitet haben.

Letters of appreciations

I can't thank you enough for backing me/for you support.
We greatly appreciate your support during our recent crisis.

Please accept our sincere thanks for all your help and support.

A big thank you to everyone involved in the marketing campaign.
We would like to express our appreciation to the Research and Development Department.

Danksagung

Ich weiß gar nicht, wie ich Ihnen für Ihre Unterstützung danken kann.
Wir sind Ihnen wirklich sehr dankbar für Ihre Unterstützung während der jüngsten Krise.
Wir möchten uns ganz herzlich für all Ihre Hilfe und Unterstützung bedanken.
Ein herzliches Dankeschön an alle, die an der Marketingkampagne beteiligt waren.
Wir möchten unserer Dankbarkeit gegenüber der Forschungs- und Entwicklungsabteilung Ausdruck verleihen.

Thank you on behalf of the **board of directors** for all your efforts.
I am instructed by our committee to convey our sincere thanks for your assistance.

Wir danken Ihnen im Namen des **Vorstands** für all Ihre Bemühungen.
Unser Ausschuss hat mir die Aufgabe übertragen, unseren herzlichen Dank für Ihre Hilfe zu übermitteln.

Whenever there is an opportunity for us to reciprocate, please don't hesitate to let us know.

Sollten wir zu irgendeiner Zeit die Möglichkeit haben, Ihre Freundlichkeit zu erwidern, teilen Sie uns dies bitte mit.

I hope that I may soon have an opportunity to return your kindness.
It was very kind of you to give me so much of your valuable time.

Ich hoffe, dass sich bald die Gelegenheit ergibt, Ihre Freundlichkeit zu erwidern.
Es war sehr freundlich von Ihnen, mir so viel von Ihrer wertvollen Zeit zu widmen.

It was good to see you again and I want to thank you for the delightful evening I spent with you.

Ich habe mich sehr gefreut, Sie wiederzusehen, und möchte mich für den wunderschönen Abend mit Ihnen bedanken.

I wish to thank you most warmly for the hospitality extended/shown to me during my stay in London.

Ich möchte mich sehr herzlich für die mir während meines Besuches in London erwiesene Gastfreundschaft bedanken.

Congratulations

Glückwünsche

We all send you our congratulations on such an excellent result.
This is to send you our warmest congratulations and best wishes on your election as vice-president.
I am writing to convey my warm congratulations on your election to the **Board**.
I was happy to learn that you have been appointed **Sales Manager**.

Wir gratulieren alle zu diesem hervorragenden Resultat.
Herzlichen Glückwunsch und die besten Wünsche anlässlich Ihrer Wahl zum Vizepräsidenten.
Ich möchte Ihnen zu Ihrer Wahl in den **Verwaltungsrat** herzlich gratulieren.
Ich habe mich gefreut, von Ihrer Ernennung zum **Verkaufsleiter** zu hören.

Heartiest congratulations on the occasion of your 65th birthday/ your company's 50th anniversary.	Herzliche Glückwünsche zu Ihrem 65. Geburtstag/zum 50-jährigen Jubiläum Ihrer Firma.
With love and best wishes for your retirement.	Mit den besten Wünschen für Ihre Pensionierung.
Sam joins me in sending you our very best wishes for your future career.	Sam schließt sich meinen besten Wünschen für deine zukünftige Karriere an.
We all wish you the best of luck in your new job.	Wir alle wünschen dir viel Glück in deinem neuen Beruf.
Well done!	Gut gemacht!
Merry Christmas and a Happy New Year.	Frohe Weihnachten und ein glückliches Neues Jahr.
With season's greetings and very best wishes.	Mit den besten Wünschen für ein gesegnetes Weihnachtsfest.
All the best for the New Year!	Ein glückliches neues Jahr!
Happy New Year!	Alles Gute zum Neuen Jahr!
May I send you all our very best wishes for 2002.	Ich sende euch allen die besten Wünsche für 2002.
Happy Easter!	Frohe/Fröhliche Ostern!
Many happy returns of the day!	Herzlichen Glückwunsch zum Geburtstag!
I hope you'll have a lovely holiday.	Hoffentlich hast du einen schönen Urlaub.
Congratulations on your engagement/marriage.	Herzlichen Glückwunsch zur Verlobung/Hochzeit!

Glossary

agenda	Tagesordnung
abstention	Enthaltung
to accept responsibility	Haftung übernehmen
achievements	Erfolge
to acknowledge	bestätigen
actually	eigentlich
to add items to the agenda	Punkte der Tagesordnung hinzufügen
advertising campaign	Werbekampagne
after-sales service	Kundenservice
to agree on a price	sich preislich einigen
to agree entirely	beipflichten
AOB (any other business)	»Verschiedenes«
annual bonus at Christmas	Weihnachtsgeld
Annual General Meeting	Jahreshauptversammlung
appointment	Termin
appointment book	Terminkalender
approach	Art und Weise etwas anzupacken
approximately	ungefähr
area code	Vorwahl
to arrange a meeting	ein Treffen vereinbaren
Assistant Managing Director	stellvertretender Geschäftsführer
Assistant Sales Manager	Assistent des Vertriebsleiters
associates	Geschäftspartner
as soon as possible (asap)	so schnell wie möglich
as usual	wie gewöhnlich
at the earliest possible date	so bald wie möglich
to attend	teilnehmen
available/there	ist zu sprechen
to avoid a deadlock	vermeiden, in eine Sackgasse zu geraten
to be away on business	geschäftlich unterwegs sein
bad line	schlechte (Telefon-)Verbindung
background information	Hintergrundinformation

to back somedody	jemanden unterstützen, für jemanden stimmen
to be at disposal	zur Verfügung stehen
to be authorised to	autorisiert/berechtigt sein zu etwas
to be cut off	unterbrochen werden
to be greenlightened	grünes Licht bekommen
to be market leaders	marktführend/-beherrschend sein
bonus payment	Prämienzahlung
boss	Chef
bottom line	unterste Grenze
board of directors	Vorstand
branch office	Zweigstelle
brief and to the point	kurz und präzise
brochure	Broschüre
budget	Finanzplan
business year	Geschäftsjahr
busy	beschäftigt
call	Telefongespräch
to call it a day	Feierabend/Schluss machen
to call back	zurückrufen
to cancel	absagen
to cancel the order	die Bestellung stornieren
career prospects	Karriereaussichten
casting vote	ausschlaggebende Stimme
cash discount	Skonto
catalogue	Katalog
certainly	selbstverständlich
chair	den Vorsitz führen
chairperson	Vorsitzende/-r
chart	Tabelle
to clarify	klären
client	Kunde
to clock on/off	ein-/ausstempeln (an der Stechuhr)
code	Vorwahl
competitive	konkurrenz-/wettbewerbsfähig
complaint	Beschwerde

conclusion	Schlussfolgerung
to be conditional on	abhängig sein von
conference room	Konferenzraum
to connect with	jemanden verbinden mit
considerations	Überlegungen
controversial issues	kontroverse Punkte
credit card call	Anruf auf Kreditkarte
current	gegenwärtig
current list price	aktueller Listenpreis
current market situation	gegenwärtige Marktlage
customer behaviour	Kundenverhalten
to deal with somebody over the phone	mit jemandem am Telefon verhandeln
decline in sales figures	fallende Verkaufszahlen
to defer the matter	die Angelegenheit vertagen
to delete items	Tagesordnungspunkte streichen
descriptive literature	Anschauungsmaterial
to deserve	verdienen
development	Entwicklung
to dial	wählen
to dial direct	durchwählen
to dial the wrong number	sich verwählen/falsche Nummer wählen
directory	Telefonbuch
directory enquiries (US: directory assistance)	Auskunft
to do business	mit jemandem Geschäfte machen
to do overtime	Überstunden machen
documents	Unterlagen
early order discount	Frühdispositionsrabatt
economic situation	wirtschaftliche Lage
enquiry	Anfrage
to elaborate on something	etwas eingehender erklären
ex-directory	Geheimnummer
to express missgivings about something	schwerwiegende Bedenken anmelden
extension number	Apparat/Durchwahl
face to face	persönlich

fact sheet	Informationsblatt
fair	(Handels-)Messe
fair arrangement	faire Übereinkunft
faulty goods	fehlerhafte Ware
to fax/fax	durchfaxen/Fax
final remark	Schlussbemerkung
to find/meet approval	zusagen/gefallen
to find/meet with a ready market	einen guten Absatz finden
firm offer	Festangebot
flexitime	Gleitzeit
flip chart	Flipchart
flow chart	Flussdiagramm
foil	Folie
forwarding agent	Spediteur
free delivery	frei Haus
fringe benefits	zusätzliche soziale Leistungen
full-time job	Ganztagsstelle
to get back to somebody	sich bei jemandem wieder melden
to get through	durchkommen (am Telefon)
to give backing	befürworten
to give somebody a buzz	jemanden anrufen
to give a discount	einen Rabatt geben
to give somebody a message	jemandem etwas ausrichten
to give a quotation	ein Angebot machen/ unterbreiten
to give a talk	einen Vortrag/eine Rede halten
to give total/wholehearted/ unqualified support to	etwas uneingeschränkt billigen/ unterstüzen
to go over to the competition	zur Konkurrenz übergehen
handout	Handout (Informationsblatt)
to hand the rostrum over to	das Rednerpodium übergeben an
to have difficulties getting through	Probleme haben, durch-zukommen
head office	(Geschäfts-)Zentrale
to hear someone out	jemanden ausreden lassen
heavy demand	große Nachfrage
Hold the line, please.	Bitte bleiben Sie am Apparat.

How about it?	Wie wäre es damit/ Wie wäre das?
to illustrate	veranschaulichen
to implement	umsetzen
in advance	vorab, im Voraus
in a meeting	in einer Besprechung
increase in prices	Preiserhöhung
to increase profit	Gewinn erhöhen
to initiate the necessary steps	die notwendigen Schritte einleiten
in practice	in der Praxis
intention	Ziel
in theory	theoretisch
international call	Auslandsgespräch
International Directory Enquiries	Internationale Auskunft
to introduce a topic	in ein Thema einführen
introductory offer	Einführungsangebot
in view of	angesichts
invoice	Handelsrechnung
issue	Angelegenheit
item	Tagesordnungspunkt
I wonder	Ich frage mich ...
job interview	Vorstellungsgespräch
Just the thing/Just right!	Genau das Richtige!
to keep the minutes	Protokoll führen
lack of staff	Personalmangel
to launch (a product)	(ein Produkt) auf den Markt bringen
to leave a meeting half-way through	die Konferenz vorzeitig/ früher verlassen
to leave a message	eine Nachricht hinterlassen
letter of application	Bewerbungsschreiben
letter of complaint	Beschwerdebrief
letter of credit	Akkreditiv
line of argument	Gesprächs-/Gedankenführung
line's engaged/busy	(Telefon-)Leitung ist besetzt
listing	Eintragung
local call	Ortsgespräch

long distance call	Ferngespräch
main reason	Hauptgrund
to make a complaint	eine Beschwerde einreichen
to make a note	etwas notieren
market fluctuations	Marktschwankungen
market share	Marktanteil
to make out a cheque	einen Scheck ausstellen
to manufacture	produzieren
meeting	Besprechung
to meet with approval	etwas befürworten
misunderstanding	Missverständniss
mobile phone (cellular phone)	Handy
morning call	Weckruf
motion	Antrag
to move	etwas beantragen
to notify	benachrichtigen
not in	nicht in seinem/ihrem Büro sein
number	Nummer
»number unobtainable«/ the »number obtainable« signal	»Kein Anschluss unter dieser Nummer«
offer is not firm	Angebot ist nicht verbindlich
office hours	Büro-/Dienststunden
on average	durchschnittlich
on the other line	auf der anderen Leitung
on the upturn	im Aufschwung
to operate at full capacity	voll ausgelastet sein (Maschinen)
out of order	gestört
out of town	nicht in der Stadt
outside call	externe Leitung
outsourcing	Outsourcing (Fremdvergabe)
overhead foil	Overheadfolie
overhead projector	Overheadprojektor
participant	Teilnehmer
part-time job	Halbtagsstelle
to pass a message on to somebody	jemandem etwas ausrichten
Personnel Manager	Personalchef
to phone around	herumtelefonieren

pie chart	Kreisdiagramm
to place a reservation	reservieren, eine Reservierung vornehmen
plant	Produktionsanlage
poor quality	schlechte Qualität
to postpone	verschieben, vertagen
to put calls through	Anrufe durchstellen
presently unavailable	zurzeit nicht zu erreichen
price list	Preisliste
product	Produkt
to propose a motion	einen Antrag stellen
provided that	vorausgesetzt, dass
to put somebody through	jemanden durchstellen
quantity discount	Mengenrabatt
to raise a point	einen Punkt ansprechen/zur Sprache bringen
to reach	erreichen
to read back	wiederholen
ready for collection	abholbereit
ready for dispatch	versandbereit
receiver	Telefonhörer
reception hall	Eingangshalle
recorded message	Anrufbeantworter
reduction	Nachlass
regional sales operation	Regionalvertrieb
to reiterate	noch einmal betonen
to reject an offer	ein Angebot ablehnen
remark	Bemerkung
to repeat	wiederholen
repeat order	Folgebestellung
replacement	Ersatz
report	Bericht
Research and Development	Entwicklungsabteilung
to resume	fortfahren
retail company	Einzelhandelsunternehmen
to return a phone call	zurückrufen
reverse charge call (US: number collect)	R-Gespräch

to ring somebody back	jemanden zurückrufen
rostrum	Rednerpult
salary	Gehalt
salary bracket	Gehaltsgruppe
salary increase	Gehaltserhöhung
sales	Absatz/Verkauf
Sales Department	Vertriebsabteilung
sales figures	Verkaufszahlen
sample	(Probe) Muster
schedule	Programm
scheme	Plan
screen	Leinwand
to second the motion	den Antag unterstützen
to sell well/readily	sich gut verkaufen lassen
to set off a discussion	eine Diskussion anregen/ in Gang bringen
slide	Dia
snail mail	Schneckenpost (auf dem Briefweg)
to speak all at once	alle gleichzeitig sprechen
Speaking.	Am Apparat.
speaking clock	Zeitansage
special offer	Sonderangebot
to spell	buchstabieren
staff	Belegschaft, Mitarbeiter
to stick to the subject	an das Thema halten
stalemate situation	Pattsituation/Sackgasse
standard practice	handelsübliche Praxis
statement	Kontoauszug/Handelsrechnung
strong points	Stärken
subject to availability	nur solange der Vorrat reicht
subject to change	unverbindlich
to submit a quotation	ein Angebot unterbreiten
subsidiary	Tochtergesellschaft
suggestion	Vorschlag
to suit	passen, gelegen sein
to start the proceedings	beginnen
table	Tabelle

to take a call	einen Anruf entgegennehmen
to take a message	etwas ausrichten
to take a lunch break	in die Mittagspause gehen
to take a vote	abstimmen
team work	Teamarbeit
telephone operator	Telefonzentrale/Vermittlung
terms of trade	Geschäftsbedingungen
tie	unentschiedenes Stimmergebnis
tone/beep	Piepton
topic	Thema
trade discount	Händlerrabatt
trained secretary	gelernte Sekretärin
travelling expenses	Reisespesen
to turn/move on to something	zu etwas übergehen, fortfahren mit
turnover	Umsatz
type of business	Geschäftszweig
unanimously	einstimmig
unit price	Stückpreis
user-friendly	anwenderfreundlich
vacancies	freie Zimmer
valid price list	gültige Preisliste
viable alternative	praktisch durchführbare Möglichkeit
viable solution	brauchbare Lösung
to view something favourably	etwas wohlwollend/mit Wohlwollen betrachten
weak points	Schwächen
to welcome a development	eine Entwicklung begrüßen
while stock lasts	solange der Vorrat reicht
with all due respect	bei allem Respekt
with regard to	was ... betrifft
without competition	konkurrenzlos
to work nine to five	von neun bis fünf arbeiten
wrong goods	falsche Waren
wrong extension	falscher Apparat
wrong number	falsche Nummer
Yellow Pages	Gelbe Seiten